TED W. ENGSTROM

Alas de águilas

(Isaías 40:31)

**El creyente y el pleno desarrollo
de sus potencialidades**

Traducción al castellano: Susana Benítez Lacy

EDITORIAL
Vida

La misión de Editorial Vida es proporcio-
nar los recursos necesarios a fin de alcanzar
a las personas para Jesucristo y ayudarlas a
crecer en su fe.

©1983 EDITORIAL VIDA
Miami, Florida 33166-4665

Publicado en inglés bajo el título:
The Pursuit of Excellence
por *Zondervan*

© 1982 por Zondervan

Traducción: *Susana Benítez* Lacy

Diseño de cubierta: *Héctor Lozano*

Reservados todos los derechos

ISBN 0-8297-1013-2

Categoría: *Vida Cristiana / Motivación*

Impreso en Estados Unidos de América
Printed in the United States of America

03   04 05 06 07 ❖ 22 21 20 19 18 17

A Ed Dayton,
quien me ha ayudado
más que ninguna otra persona
en mi lucha por desarrollar al máximo
las potencialidades de mi vida

Indice

Prólogo

Quienquiera que usted sea, cualquiera que sea su actividad o procedencia, *Alas de águilas* ha sido escrito especialmente para usted.

En algunas ocasiones, este libro lo exhortará con suavidad, y en otros momentos lo obligará a darse cuenta de su potencial humano, a echarse una mirada introspectiva y comparar la persona que usted podría ser con la que es hoy. Nos acusa a todos de anhelar el camino más fácil y optar por él; de esperar que la perfección y el éxito nos salgan al encuentro, mientras llevamos una vida de mediocridad. Usted se sentirá humillado y desconcertado, como me sucedió a mí, cuando se dé cuenta de que Ted Engstrom habla de su persona con una fidelidad tal, que le hará preguntarse si no le habrá estado siguiendo los pasos en sus actividades cotidianas.

Después de hacernos experimentar la sacudida que produce el descubrimiento de nuestro propio yo, el libro nos infunde resolución para salir de los hábitos que nos destruyen y de la sensibilidad que nos debilita y luchar para alcanzar mayores alturas. El doctor Engstrom nos ofrece un curso de acción definido y lógico, sin caer en una fórmula rutinaria. La tarea no es fácil... pero como él razona de manera convincente, bien vale el esfuerzo. Pensar en todo cuanto puede hallar en su camino bastará para infundirle ánimos. Los ejemplos de los que ya han recorrido ese camino antes, le servirán de inspiración.

En estos tiempos de prueba, es indispensable que las personas de fe desarrollen toda su potencialidad, de acuerdo con la exhortación del apóstol Pablo: "Procurad, pues, los dones mejores. Mas yo os muestro un camino aun más excelente" (1 Corintios 12:31). Le recomiendo que lea y asimile el contenido de este libro. Tome nota de sus ideas y decídase a ser fiel a todo lo que Dios ha querido que usted sea.

Mark O. Hatfield
Senador de los Estados Unidos
por el estado de Oregón

Prefacio

Por doce años o más, mi amigo y colega Ed Dayton y yo hemos dirigido seminarios de dos días de duración en todos los Estados Unidos y en muchas otras partes del mundo sobre el tema del uso del tiempo. Actualmente asisten a ellos millares de líderes cristianos. El material utilizado en el primer día del seminario fue publicado en el libro *Strategy for Living* (La estrategia del vivir, Regal), y el del segundo día, en *Strategy for Leadership* (La estrategia del líder, Revell).

El primer día del seminario se clausura con una conferencia dictada por mí, a la que he dado por título "La búsqueda de lo más excelente". Al parecer, les ha servido de gran ayuda y estímulo a los participantes.

Mi amigo el editor Pat Zondervan, quien ha escuchado esta conferencia, me animó a ampliarla y a desarrollar su importante tema más a fondo. Así fue como nació este libro. Espero que les sirva de estímulo a muchos para que alcancen una vida más plena y productiva, para la gloria de Dios.

Tengo una gran deuda de gratitud con mi amigo Bob Larson por su inapreciable ayuda, orientación e investigación en torno a este proyecto. Su fe plena en esa "búsqueda" es la que me ha permitido convertir en letra impresa este concepto en el que creo tan profundamente.

Ted W. Engstrom

En comparación con lo que deberíamos ser, es como si aún estuviéramos semidormidos. Nuestro fuego está casi apagado; nuestra corriente se halla estancada. Sólo hacemos uso de una parte mínima de nuestras potencialidades mentales y físicas.
William James

1
Espere mucho más de la vida

Un indio norteamericano relata la anécdota del guerrero que encontró un huevo de águila y lo colocó en el nido de una perdiz. El aguilucho salió del cascarón junto con los demás polluelos y creció junto a ellos.

Durante toda su vida, el aguilucho "trasplantado", pensando que era una perdiz, hizo todo cuanto hacen las perdices. Escarbaba en el suelo en busca de semillas e insectos para comer. Cloqueaba como las perdices. Volaba a pocos pies del suelo en breves aleteos, con gran agitación de plumas. Al fin y al cabo, así era como debían volar las perdices.

Pasaron los años, y el aguilucho se convirtió en un águila muy vieja... que se seguía considerando perdiz. Cierto día, observó una magnífica ave que volaba sobre ella a gran altura, en un cielo sin nubes. Se sostenía con grácil majestuosidad en las fuertes corrientes y surcaba los aires sin apenas batir sus fuertes y doradas alas.

— ¡Qué ave tan hermosa! — le dijo el águila vieja a su vecina —. ¿Quién es?

— Es el águila, la reina de las aves, — cloqueó la vecina —. Pero ni lo pienses. Jamás te le podrías parecer siquiera.

El águila "trasplantada" no volvió a pensarlo más... Y murió en la creencia de que era una perdiz.

¡Qué tragedia! Creada para surcar los cielos, pero acondicionada para que se limitara a caminar por la tierra, picotear semillas y correr detrás de los insectos. A pesar de que había sido creada para estar entre las aves más majestuosas, creyó lo que le decía su vecina: — Oyeme bien: no eres más que una perdiz... Ven. Vamos a buscar insectos.

Es posible que en estos momentos usted se encuentre en una situación similar a la del águila del cuento. Sabe que ha sido creado para realizar obras mucho mayores que las llevadas a cabo hasta la fecha. Sabe también que tiene capacidad suficiente para ir mucho más allá de las limitaciones actuales, que usted mismo se ha impuesto. No obstante, por una u otra razón, no se ha decidido a luchar por destacarse. Se siente como un automóvil de ocho cilindros que funciona con cuatro solamente.

Es como si se dijera: "Al fin y al cabo, es mucho más fácil revolver la tierra en busca de insectos, que surcar los cielos. Es mucho más fácil aceptar el presente estado de cosas, que arriesgarse." Por supuesto que lo es. También es más fácil asistir a largos banquetes que nada producen y a seminarios y más seminarios acerca de "cómo hacer las cosas", que sentarse y ponerse a trabajar.

Sin embargo, lo que resulta fácil y no exige mayor esfuerzo, rara vez nos produce satisfacción. Además, estas cosas siempre son diametralmente opuestas al camino que conduce a una situación destacada en la vida.

Mientras tratamos de perfilar en estos capítulos un plan estratégico para que usted alcance esa posición sobresaliente, espero que se dé cuenta de que el mejor día para dejar de lado las metas pequeñas y mezquinas es hoy mismo. En este mismo momento usted puede empezar a vivir con un vigor, un entusiasmo y una intensidad tales, como jamás se había imaginado. A partir del día de hoy, usted puede comenzar a utilizar sus propios recursos internos y abrirse paso a través de la mediocridad, de tal manera que su vida entera adquiera un nuevo significado. Los resultados de sus esfuerzos lo sorprenderán tanto, que se preguntará por qué esperó tanto tiempo. También se dará cuenta de que su mente, al ampliar su visión con nuevas ideas o cursos de acción, jamás podrá retroceder a sus dimensiones originales.

No obstante, permítame unas palabras de advertencia: No hay logro alguno que en verdad valga la pena en el camino hacia una posición destacada, que no tenga su precio. La pregunta que nadie le puede ayudar a contestar es la siguiente: ¿Cuánto estoy dispuesto a pagar en trabajo arduo, paciencia, sacrificio y perseverancia para llegar a ser una persona destacada? Su respuesta es importante, puesto que el costo *es alto*. Sin embargo, si usted está dispuesto a convertirse en aquel que está llamado a ser, creo que descubrirá que *para usted* no hay límites, ya que Dios nos ha llamado a todos a comprometernos personalmente en un acto creador. No hay limitación alguna por razones de sexo, edad, raza o profesión. Esto significa que tiene por delante una vida maravillosa y sobresaliente esperándolo.

Es posible que usted sea pastor, seminarista, carpintero, ejecutivo o profesor. Quizá sea madre de familia y tenga que lidiar a diario con pequeños de dos y tres años de edad. Quizá tenga hijos en plena adolescencia (y aquí nos detenemos para elevar una plegaria por usted). Puede que sea joven, o que ya esté retirado. Quienquiera que sea, hoy es el primer día del resto de su vida. . . ¿Qué piensa hacer con tantas horas tan preciosas? ¿Piensa vivir a medias, como las perdices, escarbando en el suelo para hallar granos e insectos, o se va a decidir a surcar los aires, a construirse la reputación de una personalidad verdaderamente destacada. . . a vivir tal como Dios concibió su vida, en la convicción de que El lo ama profundamente y desea lo mejor para su vida? Espero que acepte el reto y haga de este día un día verdaderamente nuevo.

En Filipenses 1:10 aparecen unas indicaciones de Pablo que presentaríamos así en nuestras propias palabras: "Quiero que siempre estén en condiciones de distinguir qué es lo más alto y lo mejor, y de llevar una vida sincera y sin mancha hasta el día de Cristo." El apóstol ora para que seamos capaces de discernir qué es lo mejor.

Lo más alto y lo mejor: Esa debe ser la meta de todo aquel que sea de Dios.

En su vida personal y en su trabajo, sea la mejor persona que usted es capaz de ser.

Si no está empleando sus talentos al máximo, pregúntese cuál es la causa. Después, haga algo al respecto.

Abandone las aspiraciones ridículas y pequeñas. Crea en un Dios grande. ¡Recuerde que "Dios es más grande"!

Enfádese con su propia mediocridad, y dedíquese a hacer algo constructivo que lo saque de su empequeñecedora rutina.

No espere a que la séptima ola del éxito lo lleve hasta la acogedora playa. Así piensan los perezosos y los irresponsables. Dios es su fortaleza: hágase responsable de sus propias acciones y comience a enfocar la vida desde un punto de vista nuevo y distinto.

Le aguarda una vida destacada y emocionante. . . que puede comenzar hoy mismo.

La amonestación del apóstol Pablo en Colosenses 3:17 viene muy al caso: "Y todo lo que hacéis, sea de palabra o de hecho, hacedlo todo en el nombre del Señor Jesús, dando gracias a Dios Padre por medio de él." En ningún otro lugar puede encontrarse una norma mayor para sacar la vida de la mediocridad.

De nuevo dice en Filipenses 4:8 el apóstol: "Hermanos, todo lo que es verdadero, todo lo honesto. . . si algo digno de alabanza, en esto pensad."

No obstante, muchos cristianos pasan por fuertes tensiones al buscar — o no buscar — ese "algo digno de alabanza". Surgen los conflictos acerca de qué será lo más alto y lo mejor. Algunos piensan que las iglesias deben ser negocios de poca monta. Otros deciden hipotecar el futuro de sus nietos para construir lujosos edificios que parecen catedrales. A menudo, se produce una curiosa combinación de ambas ideas.

En cierta ocasión visité una bella capilla recién construida. En claro contraste con tres candelabros de gran valor, se veía pegada con cinta adhesiva a la pared del vestíbulo una gráfica hecha a mano con los datos de la asistencia a la escuela dominical. Centenares de dólares para los candelabros, y sin embargo, lo mejor que se pudo hacer para comunicar lo que sucedía con las *personas* fue una burda gráfica hecha a mano.

Hace unos años, se nos criticó duramente a los responsables de *World Vision* por comprar accesorios de primera calidad para la plomería de un edificio nuevo, inversión a largo plazo de la cual hemos devengado buenos dividendos. Sin embargo, en aquella ocasión a algunos les pareció que todo aquello era "demasiado bueno". También se nos ha criticado en ocasiones por tener alfombras en nuestras oficinas, en lugar de un piso más barato, como el linóleo.

— Es demasiado elegante — decía uno.

— No parece cristiana — decía otro. (Jamás he podido explicarme cómo son las alfombras "cristianas".)

Otro ofrecía gratuitamente su consejo:
— No será un buen testimonio. Se ve demasiado elegante.

Yo no podía estar de acuerdo. En algún lugar de mis archivos tengo al detalle todo lo que *World Vision* ha ahorrado anualmente al no tener que encerar pisos de linóleo. Además, la alfombra amortigua los ruidos y disminuye las distracciones, por lo que contribuye a que nuestro personal haga su trabajo en mucho menos tiempo. En cuanto al testimonio cristiano, creemos cierto que las apariencias *son* importantes. Por eso mismo no nos disculpamos por la magnífica apa-

riencia del edificio, puesto que los seguidores de Cristo estamos llamados a lo mejor.
Además, tenemos la opinión de que somos
nosotros los que debemos *establecer las
normas* de lo que es mejor, tanto para nosotros como para los demás.

Ahora bien, "el hábito no hace al monje," y
siempre se corre el peligro de confundir la
sombra con la realidad. La presencia de una
alfombra en el piso no va a encubrir la
impostura de los trabajos mal hechos en el
escritorio. Por ese motivo, es necesario que
el hábito de hacer las cosas de manera
excelente inunde toda nuestra vida. Es mucho más que una simple apariencia. Las
Escrituras nos lo recuerdan: "Hágase *todo*
decentemente y con orden."

En su libro *Making It Happen* (Haciendo
que suceda), Charles Paul Conn dice:

> Cualquier cosa que sea,
> por imposible que parezca,
> por grande que sea el obstáculo
>   entre usted y su meta,
> si es noble,
> si está de acuerdo con el reino de Dios,
> debe sentir el hambre de alcanzarla
>   y luchar hasta lograrlo.

¿Ha visto alguna vez una emocionante
película acerca del alpinismo, de esas en que
la cámara sigue a los alpinistas muy de cerca
mientras escalan centímetro a centímetro
por paredes casi perpendiculares? Se esfuer-

zan por alcanzar cualquier grieta que haya en la roca y asirse a ella, por pequeña que sea. Esta a su vez les da pie para escalar unos cuantos centímetros más. ¿Nunca ha pensado que usted jamás podría hacerlo? Sólo las cabras mónteses pueden escalar montañas de esa manera. No obstante, no sería raro que hubiera tratado de hacerlo, ¿no es cierto? Muchos lo han logrado y han sobrevivido para relatar su experiencia. No hay que negar que fue dura, agotadora y temible. Sin embargo, lo lograron. Fueron más allá de sí mismos. Renunciaron a la comodidad del familiar altiplano, se dirigieron hacia cumbres más elevadas... ¡y llegaron hasta la cima!

Las montañas no son el único reto al que nos enfrentamos. ¿Qué decir de su vida diaria? ¿Qué emociones le proporcionan las dieciséis horas del día en que permanece despierto? ¿Está siempre exigiéndose un nuevo esfuerzo a sí mismo, poniendo en tensión sus músculos, o simplemente se conforma con algo menos que lo mejor?

Si este es su caso, ¿se debe a que la idea de tener lo mejor, ser el mejor o hacer algo verdaderamente notable lo hace sentirse incómodo? ¿Se sienten más a gusto con lo mejor, si puede pasarle la responsabilidad a otra persona, *o al Señor*? "Verdaderamente, el Señor ha bendecido su ministerio..." "Ciertamente, el Señor le ha dado grandes dones..." ¿Se siente hasta "menos espiri-

tual" si lo alaban directamente por un trabajo hecho a la perfección?

"A Dios sea la gloria." Decir esto significa
mucho más que repetir la letra de un himno.
Es la verdad. El es la fuente de toda nuestra
fortaleza y le debemos todo honor y toda
gloria. No obstante, Dios siempre ha optado
por hacer uso de las personas como usted y
como yo. ¿Débiles? Sí. ¿Propensas a cometer
errores? Por supuesto. ¿Perfectas? Jamás.
No obstante, a pesar de nuestra lista intermi-
nable de errores, por encima de ellos se
escucha un grito que viene del cielo: "Los
amo; ustedes son mis hijos." Dios nunca ha
creado basura. Esto es especialmente cierto
de los seres humanos. Ethel Waters solía
decir: — Nunca podremos acusar a Dios de
patrocinar fracasos.

Tratar de alcanzar la perfección en nuestro trabajo, sea cual sea, no sólo es nuestro
deber de cristianos, sino una manera ele-
mental de dar testimonio de nuestra fe. La
comunicación sin palabras habla tan alto,
que a menudo no pueden oírnos una sola
palabra de lo que decimos.

El doctor David McClellan, profesor de
psicología de la Universidad de Harvard,
dice: — La mayoría de las personas de este
mundo pueden dividirse en *dos* grupos: *La
minoría*, o sea, aquellos para quienes las
oportunidades se convierten en retos y están
dispuestos a luchar por alcanzar algo; y *la
mayoría*, aquellos que en realidad no se

preocupan ni mucho ni poco por las cosas.

¿A qué grupo pertenece usted? ¿Está dispuesto a luchar por sobresalir en algo? ¿A sobresalir de verdad? ¿Está dispuesto a pasarse la vida construyéndose un buen nombre, o se conformará con una vida de perdiz sin jamás aproximarse siquiera a la conversión de sus potencialidades en realidad?

El doctor Melvin Lorentzen nos recuerda que "debemos hacer resaltar la perfección en todo, frente a la mediocridad realizada en nombre de Cristo. Debemos decidirnos a poner nuestro *mejor* esfuerzo en las artes, a fin de que cuando cantemos un himno de alabanza a Jesús y a su amor, cuando construyamos un edificio donde se adore a Dios, cuando montemos una obra sobre la peregrinación del alma, no alejemos a las personas, sino que las atraigamos a Dios."

Quizá parte de nuestro problema esté en algunos principios teológicos incorrectos. Son muchos los que tienen dificultad para aceptar la verdad bíblica de que un Dios soberano es quien lo hace todo, y la verdad paralela que al hombre no sólo se le ha dado responsabilidad total *por* sus acciones, sino que se le ha ordenado *actuar*. A esto se debe en parte la tensión que se observa entre la teología y la vida, tensión que jamás se resolverá... ni debe resolverse. El relato que aparece a continuación sirve para explicar mis palabras.

En cierta ocasión un pastor compró una

granja bastante grande con la intención de disfrutarla cuando se retirara. Mientras estuviera pastoreando, tomaría un día de asueto a la semana para ir a su granja a trabajar. Pero, ¡qué tarea! Pronto se dio cuenta de que había comprado varias hectáreas repletas de maleza y madrigueras de topos, con varios edificios destartalados. Aquello no tenía nada de atractivo. No obstante, el pastor sabía que aquella granja podía tener futuro, y puso manos a la obra.

Todas las semanas iba, encendía el motor de su pequeño tractor y araba la maleza con gran denuedo. Luego dedicaba algún tiempo a reparar los edificios. Mezclaba cemento, cortaba madera, reemplazaba los vidrios rotos de las ventanas y arreglaba las tuberías. El trabajo era duro, pero transcurridos algunos meses el lugar empezó a tomar forma. Cada vez que aquel pastor acometía una tarea, sentía una profunda satisfacción. Se daba cuenta de que todos sus esfuerzos eran recompensados.

Cuando terminó de arreglar la granja, recibió la visita de un agricultor que vivía junto al camino, a unos cuantos kilómetros de allí. Le echó una larga mirada al pastor y otra aún más larga a la remozada propiedad. Mientras hacía una señal de aprobación con la cabeza, le dijo: — Pastor, tal parece que Dios y usted hicieron un buen trabajo en este lugar.

Limpiándose el sudor de la cara, el pastor

le contestó: — Es interesante que usted diga eso, pero debería haber visto este lugar cuando Dios no contaba con mi ayuda.

Para lograr que las cosas salgan perfectas, es necesario actuar. . . deliberada, cuidadosa e inflexiblemente. Nunca se llega a hacer algo de calidad a base de atajos.

John Gardner dice en su interesante libro *Excellence* (La perfección): "Hay personas a las que la grandeza les llega sin buscarla. En cambio, son muy pocas aquellas que logran sobresalir sin esfuerzo propio. . . Tienen que luchar. No logran llegar a ella sin esfuerzo alguno, haciendo 'lo que se les presente'. Tampoco tropiezan con el éxito mientras se divierten. Todo logro entraña disciplina y tenacidad."

¿Sencillo? No. ¿Costoso? Sí. ¿Vale la pena? Por supuesto. Sin embargo, antes de actuar; antes de ir más allá de las aspiraciones mediocres, es necesario que tome ciertas decisiones fundamentales. Usted necesita saber hacia dónde se dirige.

Un hombre, mientras subía muy agitado a un taxi:
— Rápido. ¿Sabe cómo se llega al Conservatorio de Música?
El taxista le contestó:
— Con mucha práctica, señor, con mucha práctica.

2

No se quede esperando... ¡Haga algo!

— ¿Hacer qué? — se pregunta usted.

¡Hay tantas cosas que hacer! ¿Cómo puedo decidir qué es lo realmente importante para mí y para mi vida? ¿Cómo puedo estar seguro de que lo que *decida* hacer es lo que en realidad *debo* hacer?

Quizá este sea el consejo más sencillo para cuantos se encuentren en este dilema: *¡Haga algo!* Escoja una meta y luche para alcanzarla. Con el tiempo podrá modificarla, ampliarla o incluso abandonarla para perseguir otra mejor. Sin embargo, el primer paso es tomar una decisión. Decídase a decidir. Haga planes para planificar. No sea como el vaquero hiperactivo que entró corriendo al corral, ensilló su caballo y salió a toda carrera, pero sin saber dónde iba.

Quizá le sea difícil escoger una meta específica, pero a menos que lo haga, se va a sentir frustrado, incapaz de producir y, con el tiempo, emocionalmente perturbado.

Ari Kiev, psiquiatra de la Universidad de Cornell, en su pequeño y excelente libro *Strategy for Daily Living* (La estrategia de la vida diaria), escribe sobre lo importante que es para la salud mental de las personas el que *se fijen una meta* en la vida.

Durante mi labor profesional como psiquiatra he podido comprobar que ayudar a las personas a fijarse sus propias metas es una manera muy eficaz de prepararlas para enfrentarse a sus problemas. Al observar la vida de aquellos que han superado las adversidades, he podido darme cuenta de que *se fijaron metas* y lucharon por todos los medios para alcanzarlas. A partir del momento en que decidieron dedicar todos sus esfuerzos al logro de un objetivo determinado, empezaron a eliminar los obstáculos más serios. La clave del éxito en la vida está en fijarse una meta.

Puede agregarse que las personas que sobresalen realmente en lo que se proponen son aquellas que en un principio (1) se fijan metas específicas, y que (2) centran constantemente todos sus esfuerzos en su consecución. La *decisión* en la persecución de una meta es la clave del éxito. La *resolución* de no cejar en nuestro empeño es la que produce perfección en el resultado final de nuestro esfuerzo.

Vamos a tomarlo a *usted mismo* como ejemplo.

Digamos que es pastor. ¿Cuáles son las metas que se ha propuesto alcanzar?

¿Una escuela dominical con una asistencia de quinientas personas?

¿Que su iglesia brinde asesoramiento para todas las edades?

¿Tener su propio campamento de verano?

¿Publicar un par de libros durante los tres próximos años?

¿Preparar cuatro sermones verdaderamente dinámicos, que resistan los embates del tiempo?

Es obvio que usted no es capaz de hacer todas esas cosas a un mismo tiempo, pero. . . ¿qué sucedería si las va haciendo una a una? Tomemos la meta de escribir cuatro sermones verdaderamente dinámicos e inolvidables.

Digamos que usted dedica una hora diaria, durante cinco días de la semana, a su meta de producir cuatro mensajes grandiosos. Eso significaría cinco horas por semana, veinte horas al mes y doscientas cuarenta horas al año. Son un buen número de horas de trabajo para lograr su objetivo: doscientas cuarenta horas de tiempo productivo e ininterrumpido. Creo que estará de acuerdo conmigo en que con ese tiempo, usted sería capaz de producir sermones que se conviertan en piezas clásicas de oratoria sagrada.

Ahora bien, ¿qué sucedería si usted enfocara su decisión de *esta* manera?

"En verdad que me gustaría escribir algunos sermones buenos en el transcurso de los próximos años. Sin embargo, aún soy bastante joven, y tengo tiempo por delante. Me parece que el verano que viene, cuando esté de vacaciones, será el momento ideal para empezar el trabajo de investigación. O si no me es posible hacerlo entonces, quizá pueda iniciar la tarea en el otoño y dedicarle una o dos semanas."

Tiene buenas intenciones, pero ¿llegará alguna vez a preparar esos sermones? Sin tomar a conciencia la decisión de iniciar la tarea — y terminarla —, ¿obtendrá la calidad que desea? ¿Serán realmente sermones maravillosos? Quizá no, porque la búsqueda de la perfección en lo que hacemos es precisamente eso: una búsqueda. La búsqueda apasionada, si quiere llamarla así, de algo que usted desea con todo su corazón. El doctor Kiev dice: "Mantenga el pensamiento siempre fijo en su próxima meta, puesto que la satisfacción mayor nos viene de *la búsqueda* misma, más que del logro en sí."

Es posible que usted haya oído hablar de John Naber, el magnífico nadador que obtuvo cinco medallas de oro en las Olimpíadas de Montreal, en 1976. John es cristiano, y fue él quien encabezó el victorioso equipo norteamericano cuando marchó por la pista olímpica al clausurarse los juegos, ondeando triunfante una pequeña bandera.

Cuando regresó al sur de California, visitó una noche nuestra iglesia y nos relató algunas de las cosas que habían sucedido en las Olimpíadas de Montreal. Al terminar, añadió algo que nos sorprendió a todos.

Nos dijo que, pasada la euforia de las victorias, la adulación de que fue objeto al regresar a su hogar, y todas las entrevistas de prensa, cayó en una profunda depresión. Sabía que, siendo cristiano, no era aquello lo que debía sentir, pero no podía explicarse qué le sucedía después de haber alcanzado las metas por las cuales había trabajado con tanto ahínco y durante tanto tiempo. Fue entonces cuando se dio cuenta de que en aquellos momentos no tenía más meta para su vida, que el triunfo en las Olimpíadas. Como cristiano, comprendió que debía luchar por cosas mejores y más altas, y que necesitaba fijarse sus nuevas metas con la aspiración de servir a Cristo. Reconoció esta realidad, le hizo frente a la situación, se fijó nuevos objetivos, y en aquel momento testificaba de la forma en que el Señor le salió al encuentro en el preciso momento de la necesidad.

También es posible que recuerde a Eric Heiden, el joven y veloz patinador que, junto con su hermana, fue uno de los favoritos de las Olimpíadas de Invierno celebradas en Lake Placid, Nueva York, en 1980. Eric también obtuvo una serie de medallas de oro, pero no tuvo el mismo problema de John Naber. Su período de entrenamiento y su participación en las Olimpíadas fueron sólo un peldaño en su camino hacia una meta más alta: ser cirujano de fama, como su padre.

Recuérdelo: la mayor parte de la satisfacción nos viene de la búsqueda, más que de la llegada a la meta.

Recuerde también cómo Elías, en el Antiguo Testamento, después de haber alcanzado la deslumbrante victoria que Dios le había concedido sobre los sacerdotes de Baal en el monte Carmelo, se sentó a hacer pucheros debajo del enebro. Se sentía completamente derrotado a pesar de que Dios le había concedido una gran victoria. ¿Por qué? En aquel momento ya no le quedaba derrotero alguno por seguir en la vida. Sin embargo, el Señor le salió al encuentro en aquel momento de necesidad, y Elías siguió adelante, hacia nuevas victorias en el nombre de Dios.

En la búsqueda de lo mejor va a notar cómo el mundo que lo rodea se va a echar a un lado de una manera casi misteriosa cada vez que usted diga: — Esta es mi meta, y voy a alcanzarla. — Og Mandino, en su pequeña obra clásica *The Greatest Secret in the World* (El mayor secreto del mundo), indica lo importante que es avanzar paso a paso en pos de la meta fijada:

Los premios de la vida se encuentran al final de cada jornada, no al principio; y a mí no me es dado saber cuántos pasos necesito dar para alcanzar mi meta. Puede que el fracaso salga a mi encuentro en el milésimo paso, pero el éxito se encuentra escondido en el próximo recodo del camino. Nunca sabré cuán cerca está, a menos que le dé la vuelta a la esquina. . . Me pareceré a la gota de lluvia que lava la montaña; a la hormiga que devora al tigre; a la estrella que ilumina la tierra; al esclavo que construye una pirámide. Construiré mi castillo piedra por piedra, pues sé que la constancia en los esfuerzos pequeños es la que completará mi obra.

La constancia en los esfuerzos pequeños
Una hora al día
Veinte horas al mes
Doscientas cuarenta horas al año.

¿Está usted dispuesto a hacer un compromiso como este a fin de alcanzar una de sus metas? ¿Cuál de esas metas podrá seguir perennemente fuera de su alcance, sometida a una disciplina tan severa?

Hace muchos años me impuse una meta muy difícil. Decidí que sería el gerente mejor y más eficiente, dentro de mis posibilidades personales. No quería ser mejor que ninguna otra persona, pero sí quería superar al Ted Engstrom que había contemplado en el espejo por la mañana al rasurarme. ¡Qué emocionante ha sido esta aventura! Con toda seguridad, los que laboran conmigo saben perfectamente que no siempre he dirigido bien las cosas, pero siempre *me he esforzado* por hacerlo de la manera más satisfactoria posible. Me queda aún mucho camino por recorrer, y todavía leo todo lo que cae en mis manos sobre administración de negocios. Leo artículos, libros, revistas técnicas, y recortes de periódicos. Concurro a seminarios sobre el tema y varias veces al año dicto conferencias sobre la materia; me relaciono con los mejores consultores de negocios, y me empapo de todos sus conocimientos. Cada día de mi vida representa otras veinticuatro horas durante las cuales lucho por ser más eficiente que el día anterior. Aún hoy sigo aprendiendo y tratando de perfeccionar ese don de administración que considero recibido de Dios.

¿Amor propio? Espero que no.

¿Un juego de autoridad para mantener a otros bajo mi mando? ¿Afán de protegerme a mí mismo? No.

Sólo se trata de que he decidido sobresalir en esta profesión, y todos los días le doy gracias a Dios por esa decisión.

En los primeros tiempos de su ministerio,

Martin Lloyd-Jones, famoso profesor de Biblia, se prometió a sí mismo que dominaría los temas de la epístola a los Romanos. Lo logró. Durante sus años de pastor en la grandiosa Capilla de Westminster, en Londres, predicó varias series de sermones en los que recorría dicha epístola. Cada una de las series le llevaba hasta tres años. Iba versículo por versículo, oración por oración, palabra por palabra, pensamiento por pensamiento. Llegó a sobresalir grandemente en cuanto a la comprensión y exposición de este gran libro doctrinal del Nuevo Testamento. No cabe duda de que el doctor Jones observó fielmente el consejo que da en 1 Corintios 14:12 el apóstol Pablo: "Así también vosotros; pues que anheláis dones espirituales, procurad abundar en ellos para edificación de la iglesia."

La historia está repleta de hombres y mujeres que lograron cambiar su mundo porque se atrevieron a aceptar el reto de un sueño; de una meta. Un monte Everest... una milla en cuatro minutos... una sinfonía... *El progreso del peregrino*... un recorrido por la superficie de la luna... una ciudad entera llevada a los pies del Señor... un barrio humilde embellecido...

Agustín, Savonarola, Martín Lutero, Juan Calvino, Juan Wesley, D. L. Moody, George Washington Carver y muchos más... todos tuvieron un sueño, una meta. Los sueños más grandiosos, las ambiciones más extraordinarias, las metas más sublimes son siempre gratuitas para todos los seres humanos.

Además de esto, teniendo el cuidado de no echar a un lado lo personal, ¿qué decir de las metas a lograr en nuestras relaciones con las demás personas? Esposa, esposo, hijos, empleados, compañeros de trabajo, vecinos. . .

Dorothy y yo llevamos más de cuarenta años de casados, y a menudo nos recordamos mutuamente las metas que nos fijamos aun antes de nuestro matrimonio, y que repetimos con frecuencia en los primeros meses. Jamás permitiríamos que terminara el día sin estar seguros de que las líneas de comunicación entre nosotros permanecían abiertas. También nos las arreglaríamos de la mejor forma que supiéramos para que nunca "el sol se pusiera sobre nuestro enojo". Por supuesto que hemos tenido tensiones, discusiones saludables, desavenencias. Yo soy picapleitos; ella es conciliadora. A mí me gusta discutir, la mayor parte del tiempo estoy apurado y soy perfeccionista; ella es serena, sosegada, de temperamento apacible. Nos complementamos muy bien. Nuestra meta ha sido siempre no sólo ser esposos, sino ser también buenos amigos, y la hemos alcanzado.

Cuando llegaron los hijos y éstos se fueron convirtiendo en adultos, decidimos que trataríamos de que nuestras relaciones les sirvieran de modelo. No les hemos dicho: — Esto es lo que pretendemos — pero sí hemos

.ctuado conscientemente y hemos confiado en que, por ósmosis y con la ayuda del Señor, seamos capaces de revelarles este tipo de relación, en la esperanza de transmitírsela.

¿Qué quiero decir? Que la estrategia para alcanzar la perfección en nuestras relaciones exige que nos fijemos metas que se puedan medir y alcanzar. Entonces nos podremos referir a ellas como señales fijas a lo largo del camino de la vida.

Creo que a todos nos produce tranquilidad saber que a nadie se le juzgará de acuerdo a un *índice de perfección*. En última instancia, las preguntas que se nos harán serán las siguientes: ¿Usaste al máximo tus talentos? ¿Te esforzaste por desarrollar todas tus potencialidades? ¿Optaste por la perfección, o te limitaste a tomar las cosas según venían? ¿Te alzaste por encima de lo vulgar, o bien te limitaste a sobrevivir en medio de la mediocridad?

Salomón, el gran sabio del Antiguo Testamento, dijo: "Todo lo que te viniere a la mano para hacer, hazlo según tus fuerzas" (Eclesiastés 9:10). Ese es el tipo de sabiduría antigua que tanto se necesita en una sociedad como la actual, tan adicta a dejar las cosas como están.

Alguien ha dicho que la diferencia entre un aficionado y un profesional consiste en unos *cinco minutos más*.

Sólo cinco minutos más de lectura para llegar a la meta.

Sólo cinco minutos más para solucionar un problema de comunicación con su cónyuge.

Sólo cinco minutos más con ese hijo o esa hija que tiene problemas en la escuela.

Sólo cinco minutos más pidiéndole a Dios que le dé esa orientación especial que necesita tanto.

¿Es usted un aficionado o un profesional? ¿Está dispuesto a concederle a su objetivo unos cinco minutos más, a esforzar sus músculos hasta que griten pidiendo descanso, a seguir luchando cuando preferiría desistir?

Og Mandino dice:

Jamás pensaré siquiera en la derrota, y eliminaré de mi vocabulario palabras y frases como "desistir, no puedo, soy incapaz, imposible, ni hablar, no es probable, fracaso, irrealizable, inútil y retirada". Esas son las palabras de los tontos. Evitaré la desesperación, pero si esa enfermedad de la mente me atacara, entonces trabajaré dentro de la desesperación. Trabajaré duro y soportaré lo que venga. Pasaré por alto los obstáculos que surjan ante mí y mantendré fijos los ojos en las metas que estén por encima de mi cabeza, porque sé que donde termina el árido desierto, crece verde hierba... Me olvidaré de lo ocurrido en el día que acaba de pasar, sea bueno o malo, y saludaré al nuevo sol en la seguridad de que éste será el mejor día de mi vida.

Si usted no logró hacer hoy tanto como hubiera deseado; si está desanimado y siente que lo han defraudado, recuerde que esto es lo único que vale la pena hacer: Levántese, reúna fuerzas, sacúdase el polvo y comience otra vez.

Si realmente busca lo mejor, no permanezca con los brazos cruzados. ¡Haga algo!

Observe lo que le pasa a la tortuga.
Sólo puede caminar cuando saca la
cabeza del caparazón.

3

La importancia
de los errores

Uno de los mayores obstáculos que encontramos al tratar de convertir en realidad nuestras potencialidades, es el temor a cometer un error; ese miedo tan humano al fracaso. Sin embargo, la *perfección* misma se basa en el fracaso. Generalmente surge al final de una cadena de fracasos.

En cierta ocasión, dos desanimados ayudantes de Thomas Edison acudieron a él para decirle: — Acabamos de terminar el experimento número setecientos y aún no tenemos la respuesta. Hemos fracasado.

— No, mis amigos — les dijo Edison —, ustedes no han fracasado. Piensen que tenemos hoy más conocimientos sobre este asunto, que cualquier otra persona del mundo. Estamos más cerca de la respuesta, porque ahora conocemos setecientas cosas que no debemos hacer. No lo llamen error; llámenlo *aprendizaje*.

¡Qué manera tan maravillosa de ver las cosas! Desconozco cuántos intentos más le fueron necesarios a Edison antes de alcanzar el éxito, pero todos sabemos que con el tiempo, él y sus colegas *vieron* la luz. Al pie de la letra.

Tanto si es usted inventor, ama de casa, estudiante, pastor o ejecutivo, debe adoptar el mismo principio que guiaba a Edison en sus trabajos de laboratorio. Aprenda de sus errores y siga adelante. No los llame errores; llámelos *aprendizaje*.

Me siento incómodo cada vez que recuerdo alguno de los terribles errores que he cometido durante la vida. He cometido graves errores de juicio y me he comportado con insensibilidad hacia personas a quienes en realidad amo. Sin que haya sido mi intención, he herido a mis colegas y empleados. Sin embargo, en el transcurso de los años, he tratado de evaluar esos errores para aprender de ellos. Espero haberlo logrado.

No soy el único; somos millones los que nos hallamos en la misma situación. ¿Quién de nosotros ha logrado vivir un solo día sin cometer algún error, alguna equivocación?

Lo invito a hacer este pequeño ejercicio. Dedique algunos minutos del día de hoy o de mañana a observarse a sí mismo y observar a las personas que lo rodean con detenimiento. Vigílelas cuidadosamente y observe si cometen algún error. He aquí lo que es posible que vea:

La cajera de la tienda de víveres marca mal el precio de una lechuga y tiene que corregir el error en la cinta.

El mecánico se olvida de apretarle la última tuerca a su automóvil y usted sale del taller con un ruido muy molesto.

Su hija pequeña está aprendiendo a caminar. Comete un error tras otro y se cae innumerables veces.

Su cónyuge le habla con dureza durante el desayuno y por la noche le dice que se ha pasado el día deseando que llegara el momento de disculparse.

Usted se pasa un semáforo en rojo sin darse cuenta y acto seguido empieza a orar para que la policía esté patrullando otro sector de la ciudad.

Equivocaciones. Errores de discernimiento. Algunos sencillos; otros graves. Si miramos alrededor de nosotros, observamos que nadie es inmune a ellos. No obstante, cuando nos miramos a nosotros mismos, nos criticamos sin misericordia. Nos consideramos unos "fracasados", en lugar de decir que hemos fracasado en una sola empresa. Somos como el gato del cuento, que se sentó sobre una estufa ardiente y juró que jamás volvería a sentarse sobre una estufa.

Alguien dijo esta ocurrencia: — Si Thomas Edison hubiera desistido con facilidad de sus propósitos, nosotros estaríamos mirando la televisión a oscuras. —Pero él no se dio por vencido, ni siquiera después de setecientas "experiencias de aprendizaje". Todos los grandes descubrimientos han surgido al final de una cadena de pruebas y errores. Así será también el suyo, ya sea una cura para el cáncer, una nueva técnica para comunicarse con los adolescentes o la ratonera infalible.

Estas palabras de Charles Kettering siempre me han infundido ánimo: "Nadie tropieza cuando se queda inmóvil. Cuanto más rápido camines, mayores serán tus posibilidades de tropezar, pero también serán mayores las posibilidades de que llegues a alguna parte." Como la tortuga, usted nunca llegará a ningún lado a menos que saque la cabeza del caparazón. Volvemos a la decisión básica: *actuar. Hacer algo.* He oído decir a algunos psicólogos que la acción, cualquiera que sea su índole, es también un remedio excelente para la depresión, aunque sólo se trate de darle la vuelta a la manzana.

Hoy es un buen día para empezar a creer que no tiene motivo alguno para llevar una vida de muda desesperación, lleno de temor ante toda situación nueva. A partir del día de hoy, usted puede empezar a disfrutar del uso y el desarrollo de sus dones. Para comenzar, es posible que sólo esté dispuesto a arriesgar algo pequeño: quizá prefiera sacar del caparazón un dedo del pie, en lugar de sacar la cabeza.

Por ejemplo, si su gran anhelo ha sido

escribir, escriba algo. Un artículo corto, un poema, un relato tomado de sus vacaciones. Escríbalo como si lo fuera a publicar, y luego sométalo a alguien dedicado a ello. Si usted es fotógrafo, escoja sus mejores fotografías y preséntelas en algún concurso. Si se considera buen atleta o deportista, participe en las competencias que pueda y vea cómo le va. Quizá no gane el primer premio, pero piense en lo mucho que aprenderá y en la experiencia que adquirirá con el simple hecho de intentarlo.

Es posible que siempre se haya creído deficiente en matemáticas, idiomas o teneduría de libros. Inscríbase hoy mismo en un curso básico que no le exija demasiado. El hecho de que a los dieciséis años le dieran una calificación baja en esa asignatura, tiene muy poco que ver con lo que usted puede hacer con ella a los veinticinco, treinta, cincuenta o sesenta.

¿Ha deseado siempre aprender a tocar el piano? ¡Claro que puede hacerlo! Busque un maestro, hágase un programa de clases, y practique tres cuartos de hora diarios. Al cabo de un año, se sorprenderá de lo bien que puede tocar.

¿Le encantaría cocinar platos complicados? Búsquese libros de cocina nuevos. Prepare uno distinto todas las semanas. No importa que se le quemen la primera vez. Ya quedarán mejor a la segunda. Antes de que se dé cuenta, comenzarán a alabar sus cualidades en la cocina... Al menos, lo harán los miembros de su familia.

En una ocasión, Franklin D. Roosevelt dijo:

— Es sensato seleccionar un método y ensayarlo. Si fracasa, admítalo con franqueza. Ahora bien, sobre todo, *haga la prueba*.

— Sólo así podrá comenzar a darse cuenta de las capacidades potenciales que Dios le ha dado. Además, puede ser para usted un glorioso principio en la búsqueda de un estilo superior de vida.

No tema al fracaso, pues a él se debe que aprendamos y progresemos. Ted Williams, uno de los mejores bateadores de béisbol de todos los tiempos, fracasó seis veces de cada diez en su mejor año, cuando bateó un promedio de cuatrocientos. Aprenda de sus fracasos y errores, y siga adelante.

Permítame presentarle dos de mis más rotundos fracasos personales. En ellos verá también cómo, al no darme por vencido, saqué algo bueno de esos errores.

Hace muchos años, estaba comprometido a predicar un domingo por la mañana en una iglesia bastante grande de Indiana. Era el día de las Madres, pero yo no le había prestado mucha atención a la fecha. Al llegar a la iglesia, el pastor me recordó lo que se conmemoraba aquel día y me dijo que esperaba que al dirigirme a la congregación lo tuviera presente. Actuando con poca prudencia, le dije que así lo haría. Mientras la congregación cantaba los himnos, el coro cantaba el himno nacional y los ujieres recibían las ofrendas, preparé un nuevo sermón en el que empleaba el acróstico formado por las letras de la palabra "MADRE". ¡Pocas veces se habrá predicado un sermón más pobre! Hasta el día de hoy, me sonrojo cada vez que recuerdo aquel domingo. Sin embargo, aprendí algo: que cuando preparara un sermón, tenía que buscar lo que el Señor deseaba decir, y que una vez hallado, debía mantenerme dentro de ese tema. Nunca debía volver a proceder de manera impulsiva.

En otra ocasión, me comprometí a hablar ante una gran convención de jóvenes en la ciudad de Portland, Oregon. Llegué a la reunión completamente exhausto, después de viajar y dar conferencias durante un buen número de días, con un fuerte resfriado y un terrible dolor de cabeza. Unos minutos después de comenzar a hablar, me di cuenta de que mi voz sonaba como el croar de una rana, hasta que por fin me quedé completamente afónico. Me vi obligado a sentarme cuando apenas había comenzado a hablar. Me sentía derrotado. ¿Qué aprendí? Que necesitaba descansar antes de predicar; que siempre debía tener a mano pastillas para la garganta, y que debía cerciorarme de tener un vaso de agua cerca del púlpito. Gracias a Dios esa experiencia no ha vuelto a repetirse.

No se limite a prepararse para empezar a vivir. Empiece ahora mismo. No se dedique a prepararse eternamente para comenzar esos estudios, o enseñar aquella clase de Biblia, o pedir ese ascenso. Hágalo ahora mismo. Si se siente muerto de miedo, admítalo. Descubrirá que basta admitirlo para que el corazón se calme y la frente se despeje.

Paul Tournier, el conocido psiquiatra sueco, afirma: "El plan de Dios se realiza, no sólo mediante la obediencia de los hombres a quienes Él inspira, sino también mediante sus errores y, sí, sus pecados."

La Biblia está llena de circunstancias en las que Dios convirtió los fracasos de las personas — y sus pecados perdonados — en grandes victorias. Ese es el oficio de Dios.

Por ejemplo, recuerde al rey David. No supo disciplinar a sus propios hijos. La consecuencia fue que se desencadenó una verdadera serie de tristes acontecimientos. No disciplinó a Amnón después de enterarse de sus relaciones inmorales con su hermana Tamar, y el resultado fue que Absalón, otro hijo suyo, vengó a su hermana asesinando a Amnón. Por último, el reino entero fue perturbado cuando Absalón encabezó una rebelión contra su padre.

A pesar de ser un gran guerrero, quizá careciera de lo que hoy llaman muchos "amor con disciplina". Era obvio que el rey David sentía un fuerte apego emotivo por sus hijos, como lo demostró al llorar amargamente por Absalón después de que lo asesinaran durante la rebelión. Sin embargo, por el motivo que fuera, lo cierto es que nunca logró disciplinarlos en la forma debida.

También reconocemos que David no supo controlar sus pasiones físicas. Sumó a su pecado con Betsabé el de urdir la muerte de su esposo Urías, fiel capitán de su ejército. De esta manera demostró una flaqueza básica en su carácter, al no responsabilizarse de su conducta pecaminosa a tiempo, y añadirle un pecado más con el fin de encubrirla.

No obstante, a pesar de sus grandes fracasos, David se destaca como uno de los hombres de Dios más grandes de todos los tiempos. Era un hombre "según el corazón de Dios" en su entrega a El y su afán de honrarlo y buscar su gloria. Después de cada una de sus caídas, no se rebelaba contra Dios, sino que se arrepentía y oraba ardientemente para que Dios nunca le quitara su Espíritu.

Ahora pasemos a Sara. En aquellos tiempos, se consideraba un verdadero fracaso el que un matrimonio no tuviera hijos. La finalidad y el papel de la esposa estaban íntimamente ligados a la crianza de los hijos y a la conservación del nombre y la herencia de la familia. Sara tuvo que cargar con esta sensación de fracaso hasta los noventa años. Hay detalles en los que notamos lo fuertemente que la había afectado y herido aquella sensación, como la dureza con que trataba a Agar porque ésta había quedado embarazada e iba a tener un hijo, el que se llamaría después Ismael. Desesperada por el trato que le daba su señora Sara, Agar huyó al desierto.

A sus noventa años, no hay duda de que Sara era una mujer frustrada, desilusionada y amargada. Es fácil comprender su risa, aunque después la negara, cuando acertó a oír que Dios le decía a su esposo Abraham que ella tendría un hijo. Sin embargo, en el capítulo 11 de la epístola a los Hebreos, el nombre de Sara aparece en la "Galería de la Fe". Su fe creció, y de esa profunda fe en Dios sacó fortaleza. El apóstol Pedro la menciona como ejemplo clave al enseñar la forma en que la esposa debe comportarse con su esposo en cuanto a honra y obediencia (1 Pedro 3:6).

Sansón es otro ejemplo. Sus debilidades se hacen más evidentes en sus relaciones con el sexo opuesto. En contra de lo que sus padres le habían aconsejado, optó por casarse con una mujer que, sin duda alguna, no adoraba a Jehová. Este gesto produjo un gran derramamiento de sangre entre su pueblo y los filisteos. Con el tiempo, les costó la vida a su esposa y al padre de ésta.

Además, Sansón sostuvo relaciones inmorales con una ramera de la ciudad de Gaza, y la gente de aquella ciudad trató de asesinarlo. Por supuesto, la secuela de ese incidente es el conocido relato de cuando los filisteos persuadieron a la hermosa Dalila para que hiciera que Sansón le revelara de dónde sacaba su extraordinaria fuerza, tan fuera de lo común. El convirtió aquella situación en un juego y la hizo llegar a falsas conclusiones acerca de la fuente de su fuerza. Sin embargo, tanto insistió Dalila, que lo convenció de que le revelara la verdad. Esto tuvo por consecuencia la captura de Sansón, que sus enemigos aprovecharon para sacarle los ojos.

A pesar de su azarosa vida, el Señor se sirvió grandemente de Sansón para rescatar a Israel de la tiranía de los filisteos. Con todas sus debilidades y fracasos, Sansón fue el hombre puesto por Dios para gobernar y juzgar a la nación de Israel durante veinte años.

En el Nuevo Testamento encontramos al apóstol Pedro, quien se buscó serios reproches, y a quien el Señor le tuvo que anunciar que lo negaría vergonzosamente. En cierto momento, cuando Jesús hablaba de la muerte que le aguardaba, comprendió que eran los pensamientos del mismo Satanás los que salían de los labios de Pedro. Por supuesto, las tres negaciones de Pedro durante el curso de una sola noche, con las que repudiaba toda lealtad a Jesús, y toda relación con Él, son bien conocidas. A pesar de que sentía una atracción irresistible hacia Jesús, puesto que sabía que Él tenía las verdaderas palabras de vida, Pedro no podía aceptar con facilidad su proceder. Aun después de su ascensión a los cielos, se le seguía haciendo difícil aceptar muchas de las cosas que le había enseñado. El apóstol Pablo se vio obligado a reprenderlo y a decirle frente a frente que estaba manifestando prejuicios y normas incorrectas en sus relaciones con judíos y gentiles.

Sin embargo, ¿quién puede negar la grandeza posterior de Pedro, el hombre que fue el primer dirigente de la Iglesia primitiva, y que estuvo al frente de los primeros grandes movimientos de multitudes hacia Cristo de los que tenemos constancia? Sus dos epístolas, que hablan de la forma de mantenerse firme en medio del sufrimiento, les han servido de gran consuelo y fortaleza a los cristianos de todos los siglos. Su lealtad y entrega total a Jesucristo han inspirado y alentado a todos los creyentes durante dos mil años.

Por último, veamos a Jonás. Este hombre, renuente a realizar lo que Dios le había ordenado, se destaca como un claro y patente ejemplo de terquedad y rebeldía, y quizá de miedo. Su resistencia no fue pasiva; al contrario, fue un diligente esfuerzo por alejarse lo más posible del lugar y de la misión que Dios le había señalado. Había recibido la orden de ir a la gran ciudad de Nínive y proclamar el gran desagrado de Dios por el comportamiento inmoral y ateo de la gente del lugar. Cuando por fin tuvo que volver sobre sus pasos, de una manera sumamente extraordinaria por cierto, e hizo lo que se le había ordenado hacer, manifestó una ira egoísta contra Dios y contra los ninivitas.

Salió fuera de las puertas de la ciudad, y en su desesperación — y quizá agotamiento —, pidió la muerte.

Aun así, Jonás ha quedado como uno de los grandes ejemplos de hombres liberados y usados por Dios, casi a su pesar. La Biblia afirma que todos los habitantes de la ciudad, sacudidos por la predicación de Jonás, se arrepintieron de sus pecados. Además de esto, su oración para pedir liberación, una de las más hermosas de la Biblia, fue citada por el Señor Jesucristo durante su ministerio en la tierra.

Dios no espera de nosotros perfección, sino obediencia. Por medio de esa obediencia, El puede convertir los fracasos en triunfos.

Todos estos personajes de la Biblia eran únicos en su clase. También lo es usted. Desarrolle su propia personalidad. Ninguna otra persona ha tenido las experiencias de vida que usted ha tenido; ninguna otra puede aportar lo que *usted* puede aportar a la humanidad. Por tanto, no se trata de ser mejor que nadie. Destacarse al máximo es superarse a sí mismo.

Unas personas viven de cara al exterior, mientras que en otras predomina la introspección. Hay quienes piensan mejor de lo que actúan. Hay líderes, y seguidores. Hay quienes se anticipan a sus tiempos y hay quienen van rezagados. Unos cuantos son genios para la música; la mayoría no lo son.

Unos pocos son grandes predicadores; muchos no lo son. Sin embargo, cualquiera que sea la categoría a la que usted pertenezca, en este preciso momento puede dar ese primer paso deliberado hacia una vida de superación continua.

Todos conocemos los casos auténticos de gran número de personas cuya vida es un reto para los demás, puesto que han superado con éxito impedimentos y desventajas físicas que a primera vista parecen insuperables. Permítame ofrecerle dos ejemplos conocidos y conmovedores. El primero es mi amiga Joni Eareckson.

A la edad de dieciocho años, Joni quedó paralizada desde el cuello hacia abajo como consecuencia de un accidente al zambullir en aguas poco profundas de la bahía de Chesapeake. Le sobrevino una tetraplejía, parálisis total de las cuatro extremidades, como consecuencia de una fractura diagonal entre el cuarto nivel cervical y el quinto.

Joni sobrevivió al estado crítico de las primeras semanas, pero pronto entró en un período de completa desesperación y a menudo deseaba suicidarse. Sus razones eran fáciles de comprender. Su aspecto era grotesco. . . por lo menos para ella. Había bajado de cincuenta y seis kilos de peso a sólo treinta y seis. Su piel se había tornado amarilla, le habían tenido que rasurar el cráneo para ayudarla a sostenerse dentro de una abrazadera, y tenía los dientes ennegrecidos debido a las medicinas. Además de todo esto, sufría intensamente debido a sus limitaciones, y tenía un gran temor al futuro. No obstante, Joni permitió que Cristo trocara aquella tragedia en victoria, aquellas limitaciones en oportunidades ilimitadas, y aquel temor en fortaleza.

Desde entonces, Joni ha hecho cosas maravillosas. Por ejemplo, aprendió a dibujar y a pintar con la pluma o el pincel entre los dientes, y sus dibujos y pinturas son extraordinarios. Se negó a quedarse encerrada, y empezó a aceptar invitaciones para dar conferencias y hablar en programas de televisión. Como resultado, Joni ha relatado su historia a millares de personas, y les ha infundido el ánimo necesario para que hallen una esperanza y una razón de vivir que sólo la vida en Cristo hace posibles. Además, mantiene activo un ministerio conocido como "Joni y sus amigos", dedicado a alentar a otras personas con limitaciones físicas y a mejorar la comprensión de los que están totalmente sanos.

La segunda persona de la que quiero hablarle es Helen Keller. A la edad de diecinueve meses, Helen quedó totalmente ciega, sorda y muda, a consecuencia de una enfermedad. De más está decirlo: todo parecía indicar que no tendría futuro alguno.

Sin embargo, Helen era una niña muy animosa y el amoroso cuidado de su madre le sirvió de gran estímulo. Cuando tenía siete años, apareció en su vida la "amada profesora", como la llamaba Helen. Anne Mansfield Sullivan tuvo gran parte de responsabilidad en que se desatara en Hellen Keller un gran anhelo por expresarse.

Gracias a la ayuda de Anne, Helen se graduó en el Radcliffe College con los máximos honores. Años antes, había decidido que haría estudios superiores, y debido a su propia insistencia, le permitieron por fin inscribirse en ellos. Helen dedicó su vida a ayudar a otras personas privadas de la vista y del oído, y viajó por todo el mundo para ayudarlas con sus conferencias. Escribió varios artículos y libros, entre ellos una autobiografía. Su contribución a la humanidad fue tal, que Mark Twain la consideró uno de los dos personajes más interesantes del siglo diecinueve, junto a Napoleón.

¿Qué decir ahora de usted? Ya sea física o emocional *su* limitación, hoy puede ser el día en que comience a destruir, astilla por astilla, la montaña de granito de la "autoderrota". Lea libros sobre cómo hacer las cosas. Asista a seminarios para adiestrarse en la visión positiva de la vida. Comente sus planes de cambio con sus amigos, y ore por alcanzar ese cambio cuanto tiempo haga falta. Ahora bien, a fin de cuentas, recuerde que es usted mismo quien tiene que tomar la decisión de actuar.

Para actuar de una manera productiva, tiene que comenzar por saber quién y cómo es usted. Tengo la esperanza de que hoy mismo usted reconozca que Dios lo hizo de una forma especial, porque tenía un propósito especial con usted. El quiere que usted llegue a ser todo cuanto El tenía planificado que fuese. Además, quiere que lo logre con "clase".

De Jesús se decía: "Bien lo ha hecho todo" (Marcos 7:37). Un Jesús mediocre, un Jesús de medianías, no puede ser el Jesús de la Biblia. Si lo que andamos buscando es tomar como modelo a alguien que supo arriesgarse para vivir una vida verdaderamente sobresaliente, no encontraremos otro ejemplo mejor que la vida del Señor:

Se enfrentó a los líderes religiosos de su época, sin andarse con rodeos. (Algo muy riesgoso.)

Afirmó ser el Hijo de Dios. (Al final de todo, esto fue lo que le costó la vida.)

Tomó toda una serie de manoseados pronunciamientos legales vigentes entre los religiosos de su tiempo y sugirió que se resumirían mejor de esta manera: Ama a tu Dios, y ama a tu prójimo como a ti mismo. (De esta forma, se entremetía en las sagradas tradiciones.)

Les dedicó demasiado tiempo a los ciudadanos "de segunda categoría": recaudadores de impuestos, prostitutas, leprosos, lisiados, samaritanos. . . (Un verdadero desvío a los ojos del mundo religioso, por supuesto.)

Se enfureció cuando vio convertida la casa

de su Padre en un ruidoso mercado, (Se inmiscuyó en las finanzas del templo.)

Tuvo la audacia de extender su mano para sanar enfermos en el santo día de reposo. (¿No se podía estar tranquilo ni siquiera un solo día?)

Animaba a los niños a que se le acercaran, para poderles decir que también los amaba a ellos. (En aquella sociedad no había demasiado interés por los niños.)

Además de todo esto, durante sus últimos días en la tierra, optó por amar a quienes lo persiguieron, se mofaron de El y lo expusieron a toda clase de vejámenes imaginables.

Durante los últimos días de su ministerio terreno, nos dijo también a sus seguidores; es decir, nos dijo a usted y a mí, que haríamos cosas mayores que las hechas por El. ¿Se ha preguntado alguna vez si era eso lo que quería decir realmente? Si lo era, entonces necesitamos tener su disciplina y su valor. Necesitamos su ira ante la injusticia y su incansable preocupación por los que sufren. Necesitamos su capacidad para el riesgo. Y necesitamos conocer más la grandeza de su amor.

> Hay un principio al que le debo mucho. En realidad, todo menos las cosas mezquinas y pequeñas que he tenido en mi vida. Es la idea de que, con un talento ordinario y una perseverancia extraordinaria, lo podemos alcanzar todo.
>
> T. F. Buxton

4

¿Cuál es su "Cociente de Actitud"?

Un hombre que se sentía muy orgulloso del césped que crecía en su patio, se encontró un día en él con una cosecha copiosa y saludable de la hierba llamada "diente de león". Probó todos los medios para eliminarla, pero la plaga los seguía afectando a su césped y a él. Como último recurso, escribió al Ministerio de Agricultura indicando todo cuanto había hecho, y terminó su carta con una pregunta: "¿Qué me aconsejan que haga?" A su debido tiempo le llegó la respuesta: "Le sugerimos que trate de acostumbrarse al diente de león, hasta que le caiga bien."

Todos nos enfrentamos a diario con personas y situaciones que nos exasperan. A pesar de nuestros desesperados esfuerzos, a menudo esa exasperación persiste. Es entonces cuando nos damos cuenta de que quizá el mayor riesgo de todos es el *cambio de actitud.*

En una conferencia reciente, Jim Rohn, de *Adventure in Achievement* (Los logros como aventuras), hizo las observaciones siguientes respecto de lo que él llama "enfermedades de las actitudes":

La indiferencia: El enfoque impasible ante la vida. No permita que le prive de las cosas buenas que tiene la vida.

La indecisión: El mayor ladrón de oportunidades. Una vida de aventura es una vida repleta de decisiones, tanto buenas como malas.

La duda: Una de las peores, la duda acerca de sí mismo. Déle vuelta a la moneda. *Creer* es mejor que dudar.

La preocupación: La verdadera asesina. En sus etapas peores, lo puede llegar a reducir a la mendicidad. Causa problemas de salud y de dinero.

La cautela excesiva: Hay personas que nunca tendrán mucho. Son demasiado cautelosas. Haga que en el recuento de su vida se vea que usted ganó, o que perdió, pero que no aparezca allí que simplemente, no quiso arriesgarse.

Muy a menudo, hizo surgir esta idea en su conferencia: *La clave principal de un futuro mejor es usted mismo.* No es su jefe, ni su salario, ni tampoco su "situación", sino *usted.*

Supongo que todos quisiéramos que las cosas fueran más fáciles de vez en cuando. Quisiéramos que los intereses sobre los préstamos fueran más bajos, para poder comprar la casa que necesitamos. Nos agradaría que nuestros hijos comenzasen a agradecernos todo lo que hemos hecho por ellos. Preferiríamos poder tomarnos las cosas con calma de vez en cuando en la lucha constante por la superación. Además, algunas veces nos inunda por completo el deseo de que la vida fuera un poco más justa con nosotros.

Bueno, podemos desear cuanto queramos. Podemos hacer castillos en el aire, y soñar con una utopía en la que otro trabaja mientras nosotros recibimos todo el dinero y el reconocimiento. Ahora bien, todo eso nunca pasará de ser un sueño, porque hay una antigua ley que sigue plenamente vigente. Es una ley tan antigua como el agricultor que sembró la primera semilla hace miles de años: *Cada cual cosecha lo que siembra.*

Si a usted le desagradan las plantas que crecen "en su césped", quizá sea hora de comprobar qué es lo que está sembrando hoy. Las semillas de col siguen dando coles, y las de manzana, manzanos. Las sonrisas producen sonrisas, y los pensamientos negativos estimulan el crecimiento de mayor número de pensamientos negativos.

Esa ley es tan vieja como la tierra misma, y que yo sepa, todavía no existe abogado tan hábil que le haya encontrado la vuelta. Por tanto, lo más probable es que no nos convenga tratar de ir en contra de ella. En vez de hacer esto, si no le gusta lo que ve, examine su bolsa de semillas —las semillas de las actitudes— y observe qué es lo que ha estado cultivando en el huerto de sus emociones.

Permítame relatarle un caso que aparece en la Biblia, y se relaciona con esta vieja ley de la siembra y la cosecha:

Amán era alto funcionario en la corte del rey Asuero (Jerjes de Persia). Había montado en cólera porque un judío llamado Mardoqueo se había negado a postrarse ante él, tal como había ordenado el rey. Por este motivo, Amán decidió destruir a Mardoqueo y a todos los demás judíos que se encontraban en Persia. Hasta preparó un patíbulo de gran altura (veintidós metros) para Mardoqueo.

Resultó que la reina Ester también era judía, y además, prima de Mardoqueo. Durante una cena que ella había preparado especialmente para el rey y para Amán, le reveló al rey la malévola conspiración de Amán. Enfurecido, el rey ordenó que éste y sus hijos fueran ajusticiados en el mismo patíbulo que había levantado para Mardoqueo y que los judíos tomaran las armas para defenderse contra cualquiera que tratara de hacerles daño, de acuerdo con los planes previos de Amán. He aquí uno de los ejemplos bíblicos más irónicos relacionados con el principio de la siembra y la cosecha.

También podemos observar en la vida y el reinado de Salomón los resultados y las recompensas que recibió un reino fundado en el justo gobierno del rey David, su padre. Durante sus cuarenta años como gobernante de Israel, David había tratado de consolidar su reino sobre las bases de los estatutos, los mandamientos y las normas de Dios.

Salomón, que recibió de Dios el don de ser el hombre más sabio de todos los tiempos, gobernó todos los reinos, desde el Eufrates hasta la tierra de los filisteos y las fronteras de Egipto. Tuvo el privilegio de construir el templo del Señor en toda su magnificencia, y quiso seguir al Señor con gran diligencia, tal como lo había hecho David, su padre. Podemos observar esta actitud en la plegaria de dedicación del templo recién terminado, en la cual dice: "El proteja la causa de su siervo y de su pueblo Israel. . . a fin de que todos los pueblos de la tierra sepan que Jehová es Dios, y que no hay otro" (1 Reyes 8:59, 60).

La vida de Salomón es modelo de buena cosecha, producto de la buena siembra realizada por su padre David y por él.

José es otro ejemplo positivo del principio de la siembra y la cosecha. Abandonado en un pozo seco del desierto para que muriera, después vendido como esclavo por sus hermanos, acusado falsamente de ataque sexual por la esposa de su amo, y por último, encerrado en una prisión, José se mantuvo fiel a Dios. No cesó de honrarlo y de reconocer que a El le debía su talento y su especial discernimiento. Dios recompensó la fidelidad de su siervo, y José se convirtió en el primer ministro del Faraón, con lo que pudo lograr que toda la nación egipcia sobreviviera al hambre que azotó la tierra durante siete años. Además, también estuvo en capacidad de ayudar a su familia durante esos años de escasez.

Por último, recuerde la historia de Ananías y Safira, en el libro de los Hechos. Mentirle a otro ser humano es pecado, pero mentirle al propio Dios es una acción de consecuencias aterradoras, y les costó la vida a ambos.

Se pusieron de acuerdo para afirmar que estaban poniendo todo el producto de la heredad que habían vendido a disposición de los apóstoles para la obra del Señor, cuando en realidad habían retenido parte del dinero para su propio uso. A cada uno de ellos se le preguntó por separado acerca de aquella venta, y si era cierto o no su afirmación de que habían entregado todo el dinero. Ambos prefirieron mentir acerca del dinero que habían guardado para sí, y apenas la mentira había salido de sus labios, cayeron muertos. Este es uno de los ejemplos más trágicos de las Escrituras respecto de las consecuencias inmediatas del pecado. Ananías y Safira cosecharon al instante los resultados de la mentira que habían sembrado. A pesar de que es muy extraño ver ejemplos tan patentes como éste, ¡lo cierto es que el principio de la siembra y la cosecha sigue vigente!

Permítame hacerle una pregunta. ¿Conoce algún gruñón? Le hablo de uno de esos gruñones legítimos, de los que continuamente están frunciendo el ceño y hablando entre dientes; de esos que desprecian a los demás, y que van a todas partes con una perenne nubecilla gris encima de su abatida cabeza. No son personas muy divertidas, ¿verdad? Tienen enfermas las actitudes. Cuando llegan las seis de la mañana, ya *saben* que el día va a ser terrible.

En cambio, tenemos a esos amigos para quienes todo siempre marcha bien: amables, interesantes, e interesados en cuanto los rodea. Por contraste, da gusto estar con ellos. Su calor humano y buen humor son contagiosos. Tienen la virtud de compartir su buen ánimo con todos los que encuentran. Sus actitudes gozan de buena salud.

Este es precisamente uno de los ingredientes de una vida destacada: las actitudes saludables. Una sola sonrisa sigue valiendo lo que cien miradas llenas de ira en cualquier mercado.

Una sonrisa

• no cuesta nada, pero produce mucho.

• enriquece a los que la reciben, sin empobrecer al que la da.

• sucede en un abrir y cerrar de ojos, pero

su recuerdo puede perdurar toda una vida. Nadie es tan rico que pueda pasarse sin ella y nadie tan pobre que no se enriquezca con ella.

- trae alegría al hogar, fomenta la buena voluntad en los negocios y es la contraseña de los amigos.
- es descanso para los fatigados, luz del día para los desanimados, y el mejor antídoto de la naturaleza para los problemas.
- no se puede comprar, mendigar ni robar, porque no le sirve a nadie hasta que no se da.
- Además, si ve a alguien tan cansado que no le puede sonreír, ¿por qué no le sonríe usted?
- Nadie necesita más de una sonrisa, que el que no tiene sonrisas que dar.

Charles Schwab, el hombre a quien Andrew Carnegie le pagaba un millón de dólares anuales por su talento para impulsar a las personas a actuar, dijo en una ocasión: "Un hombre puede tener éxito prácticamente en cualquier cosa que se proponga, por la cual sienta por ella un entusiasmo ilimitado." Muéstreme una persona que enfoque la vida de esa manera, y tendremos a una persona con actitudes positivas y constructivas.

Theodore Roosevelt, uno de mis héroes, dijo lo siguiente acerca de las actitudes:

No son los críticos los que importan; tampoco los que hacen notar que los hombres fuertes han tropezado, o dónde los que actúan podrían haber actuado mejor. El mérito verdadero le pertenece al hombre que se encuentra en plena batalla; aquel cuya cara está llena de polvo, sudor y sangre; que lucha con valentía; que comete errores y no acaba de llegar a lo que se ha propuesto, porque no hay esfuerzo sin error y sin fracaso; al que sabe lo que es el verdadero entusiasmo, la verdadera entrega, y se gasta a sí mismo en una causa valiosa; al que, en el peor de los casos, si fracasara, lo haría en medio de la osadía de sus acciones.

Es muchísimo mejor atreverse a grandes cosas, obtener gloriosas victorias, aunque estén salpicadas de fracasos, que figurar entre esos pobres infelices que nunca disfrutan ni sufren mucho, porque viven en la gris penumbra que no conoce ni la victoria ni la derrota.

Esa "gris penumbra" de la mediocridad no es el lugar adecuado para una persona que se haya comprometido a ser alguien en la vida. Por supuesto, mucho menos para un hijo de Dios.

Durante la Segunda Guerra Mundial sufrí un serio accidente que me destrozó la cadera. Después de esto, se me dijo que sólo recobraría parcialmente el movimiento de una pierna, que cojearía notablemente y que sin duda no volvería a jugar al golf, mi deporte favorito. La noticia me anonadó, pero me hice el propósito de que, con la cadera en mal estado o sin ella, volvería a jugar al golf.

Hoy, después de tres operaciones, con la cadera reconstruida y restablecida y el zapato derecho un poco más alto, juego cuanto tiempo haga falta, y casi tan a menudo como desearía hacerlo.

Lo que importa es el "Cociente de Actitud".

Comenzamos este capítulo hablando de lo que Rohn llama "enfermedades de las actitudes". ¿Qué cura tienen esas dolencias del espíritu? ¿Cómo recuperar la salud de nuestras actitudes? Tomemos cada una de estas enfermedades por separado.

La indiferencia: La cura más eficaz para esa "insensibilidad ante la vida" es entusiasmarse por algo. Escoja una meta y eche a andar hacia ella. Puede ser cualquier cosa, desde convertir su casa y su jardín en los más bellos del barrio, hasta administrar su empresa con eficiencia. Lo cierto es que usted no conocerá *jamás* la emoción de perseguir una meta hasta que no se haya entusiasmado por algo. Empiece hoy a realizar cuanto haga poniendo todo su esfuerzo en cada cosa. Ese es el remedio más eficaz contra esta mortal enfermedad.

La indecisión: El antídoto para la indecisión es sencillo. En realidad, ya hablamos de él en el capítulo dos: *No permanezca con los brazos cruzados. Haga algo.* Muévase. No tiene que descubrir la cura de ninguna enfermedad extraña. Su resolución puede ser tan sencilla como leer un libro que le enseñe a mejorar en su profesión, o quizá sanar unas relaciones que son importantes para usted.

La duda: Esa es la enfermedad más mortal de todas, especialmente cuando hablamos de los que dudan de ellos mismos. Las Escrituras nos dicen que no debemos pensar demasiado bien de nosotros mismos, aunque también nos animan a pensar de manera realista sobre nuestros puntos fuertes, aptitudes, dones y talentos. La cura para el que duda de sí mismo es que comience a creer. No con una ciega decisión de realizar lo imposible, sino con una saludable fe en su propia persona y en los dones que Dios, en su misericordia, nos ha dado a cada uno. En esto está incluido *usted.* Todos tenemos dones que hemos recibido de Dios. ¿Cuáles son los suyos?

La preocupación: La Palabra de Dios nos consuela grandemente si decidimos creer lo que dice. En 1 Pedro 5:7 leemos: "Echando toda vuestra ansiedad sobre él, porque él tiene cuidado de vosotros." Me es imposible pensar en algo que resuelva el problema de la preocupación con más eficacia, que el acto de colocar nuestro dolor y nuestra frustración a los pies del Salvador. Entre las consecuencias más visibles de esta actitud, es muy posible que notemos incluso una mejoría en los dolores de espalda, o una disminución en los ataques de úlcera estomacal.

La cautela excesiva: Este es el síndrome de los "¿qué pasaría si. . .?" Usted sabe de qué hablo. *¿Qué pasaría si* me decidiera a hablar y expusiera mi propio púnto de vista sobre el asunto? Quizá perdiera algunos amigos al hacerlo. *¿Qué pasaría si* me decidiera a concederme algo bueno a mí mismo, como tomarme unas buenas vacaciones o comprarme un televisor? Podrían (¿quién?) creer que soy un egoísta. *¿Qué pasaría si* por comprar la casa que necesita mi familia, les tuviera que hacer frente a pagos muy altos, y después perdiera mi empleo? No puedo probarlo con estadísticas, pero estoy seguro de que el noventa y cinco por ciento de las cosas que nos preocupan *nunca* llegan a suceder.

El reverso de la timidez y del exceso de cautela es la osadía. Es decir, la actitud del que acepta retos y riesgos que se hallan más allá de lo que en el momento es capaz de hacer. En esto es en lo que consiste una vida de verdadera superación.

Tenga en cuenta que esas "enfermedades de las actitudes" siempre están al acecho, listas para infestar y contagiar el huerto de nuestra mente. Por eso, manténgase alerta. Continúe sembrando actitudes que sean constructivas, que cada día que pase lo acerquen un paso más a los objetivos que se ha fijado a sí mismo. Este proceso forma parte de la búsqueda de una vida en continua superación. Además, lo ayudará a evitar que lo ataque la más temida de todas las enfermedades: el *statu quo*, el estado de cosas (que alguien tradujo del latín como "el lío en que estamos metidos".)

La mediocridad es maravillosa a los ojos del mediocre.

Joubert

5

¿Por qué contentarse con ser uno más?

Me pregunto si usted hubiera comprado este libro, de haber tenido un título como "Sea menos que mediocre", o "Así alcancé la mediocridad", o "Yo fui menos que el mejor". Sí, es posible que lo hubiera hojeado un poco, pero sólo para ver qué clase de chiflado lo había escrito, pero dudo seriamente que hubiera decidido gastar dinero en él. Al fin y al cabo, ¿a quién le hace falta que lo animen para ser mediocre? Ese mismo es el problema de millares de personas. La mayoría de los humanos viven día tras día por debajo de las potencialidades que Dios ha puesto en ellos. En vez de reaccionar ante los retos de la vida con el desarrollo de su personalidad y la consagración a unas metas específicas, son adictos al callejón sin salida del *statu quo*.

A partir del día de hoy, usted puede sobrepasar la desolada existencia gris de la mediocridad, para empezar a explorar nuevos horizontes. Sin embargo, esa nueva aventura sólo comenzará cuando usted se comprometa personalmente a convertirse en alguien mejor de lo que sabe que ha sido hasta el presente.

Cuando Sir Winston Churchill, el destacado primer ministro de Gran Bretaña, ya desaparecido, era adolescente, asistía a una escuela pública llamada Harrow. El joven Winston no era buen estudiante; en realidad, era bien travieso. De no haber sido hijo del conocido Lord Randolph Churchill, es muy posible que lo hubieran expulsado de la escuela. Terminó sus estudios en Harrow, fue a la universidad, y luego inició una brillante e ilustre carrera en las fuerzas armadas británicas, habiendo estado destacado en Africa y la India.

A la edad de sesenta y siete años, fue elegido Primer Ministro del Imperio Británico. Fue Churchill quien le inspiró a la nación británica el valor que tanto necesitaba mediante sus discursos y su estilo de gobierno en los difíciles días de la Segunda Guerra Mundial.

Estando cercano ya el fin de sus días de Primer Ministro, el viejo estadista fue invitado a pronunciar un discurso ante los jovencitos de Harrow, la escuela donde se había educado. Al anunciar la visita del gran líder, el director del colegio se expresó así: — Jóvenes, el orador más insigne de nuestros tiempos, quizá de todos los tiempos, nuestro Primer Ministro, nos visitará dentro de breves días para hablarles, y será para su propio provecho que escuchen con mucha atención todos los sólidos consejos que les dé en esa ocasión.

Llegó el día esperado, y el Primer Ministro se presentó en Harrow. Después de una extensa y florida presentación del director, Sir Winston se puso de pie: poco más de metro y medio de estatura y casi ciento diez kilos de peso. Después de agradecer las efusivas palabras de presentación, Churchill pronunció este breve, pero conmovedor discurso: — Jóvenes, nunca se den por vencidos. ¡Nunca se den por vencidos! ¡Nunca se den por vencidos! ¡Jamás, jamás, jamás, jamás!

Empiece en este preciso momento a "no darse por vencido". Hoy mismo. Una de las mejores maneras de hacerlo, es observar a las personas que sobresalen sobre el ser humano promedio.

Cuando el doctor Elton Trueblood era estudiante de Harvard, Dean Sperry, su consejero, le dijo: — Necesitas tener unos cuantos grandes modelos que imitar. — Fue entonces cuando Trueblood se dio cuenta de que nuestra verdadera enemiga es la mediocridad y que debía buscar siempre lo mejor. También comprendió que la forma de estar siempre en busca de lo mejor era empapar su vida de los principios vividos por personas que habían sabido salir de la mediocridad.

Esas personas pueden ser líderes de la comunidad, pastores, amas de casa, profesores, padres, o compañeros de trabajo. Obsérvelas con atención. Hable con ellas. Entérese de lo que leen. Explore sus intereses. Hable con aquellos que trabajan junto a personas que se destacan en su trabajo y en su vida particular. Estudie el estilo de vida que tienen con detenimiento. Quizá sea su forma especial de sonreír; a lo mejor han aprendido a escuchar con mayor atención que aquellos que los rodean.

El éxito deja huellas. Además, a medida que usted realice su investigación privada, creo que también descubrirá que los triunfadores no nacen; se hacen. Lo mismo puede decirse de los que nunca triunfan; de los que nunca salen de la medianía.

Cuando observe a los que han sabido descollar, busque en ellos las cualidades especiales que los han hecho sobresalir, y que usted desearía adoptar en su propia vida. Entre ellas están las siguientes:

La disciplina personal: Las personas que logran sobresalir son aquellas que, por encima de todo, saben manejarse. Planifican su trabajo y luego ponen en práctica sus planes. Ni se destruyen con el exceso de trabajo, ni huyen de sus responsabilidades; han logrado un equilibrio en su vida. Saben que tienen necesidades físicas, emocionales, intelectuales y espirituales, y hacen lo necesario para satisfacerlas.

Discernimiento: Aquellos que superan el promedio, han desarrollado un hábito de previsión que les permite ver cómo saldrán las cosas como resultado de sus normas y métodos. Siempre están mirando hacia el futuro, y por eso también tienen la comprensión necesaria para tomar decisiones acertadas.

El optimismo: Las personas que superan el nivel ordinario no son fáciles de abatir. Por supuesto que tienen sus momentos de desaliento, pero la mayor parte del tiempo reaccionan ante la vida con espíritu alegre. "Este problema tiene solución", es su actitud mental. El optimista se ríe para olvidar; el pesimista se olvida de reír. El pesimista ve una dificultad en cada oportunidad, y el optimista ve una oportunidad en cada dificultad.

La vida como una aventura: Aquellos que sobresalen del promedio de los humanos crean sus propias aventuras y se labran en gran parte su propia felicidad. Esas personas se arriesgan, llevan sus esfuerzos al máximo y así van desarrollando la mente y el cuerpo en la búsqueda de sus objetivos.

El valor: Estas personas han decidido que siempre es demasiado pronto para darse por vencido. El triunfo final que buscan exige valor ante la derrota. En béisbol, se han ganado muchos juegos al final de la novena entrada, gracias a un solo batazo. El más alto grado de valor aparece en aquellas personas que sienten más el miedo, pero no permiten que las derrote. Por temerosos que hayan sido, los líderes que Dios ha ido poniendo en cada generación han recibido la orden de ser valientes. Recuerde las palabras de Dios a Josué: "No te dejaré ni te desampararé. Esfuérzate y sé valiente" (Josué 1:5, 6).

La humildad: Quienes realmente han llegado a sobresalir, no hablan en exceso acerca de su propia persona, ni de sus muchos logros. Se contentan con dejar que su hoja de servicios hable por ellos. Lo más probable es que usted tenga que insistirles para que hablen de sus triunfos. El apóstol Pablo dice en 1 Corintios 15: "Porque yo soy el más pequeño de los apóstoles, que no soy digno de ser llamado apóstol. . ."

El buen humor: Las personas destacadas saben que tener un corazón alegre es algo tan eficaz como la mejor medicina. El sentido del humor puede suavizar la más difícil de las situaciones y crear un ambiente de buena voluntad. Quizá una de las cualidades más sobresalientes en estas personas que han logrado superarse, es su capacidad de reírse de ellas mismas. No hay tónico mejor que reírse de sí mismo. Esto es lo que salva muchas situaciones difíciles.

La seguridad: Estas personas destacadas saben que, si no tienen fe en ellas mismas, nadie más creerá en ellas tampoco. La seguridad interna no está reñida con la espiritualidad. Al contrario: es una fe sincera en los dones y talentos que hemos recibido de Dios.

La ira: Las personas destacadas están lo bastante sanas para enojarse, pero sólo por aquellas cosas ante las que es correcto hacerlo. Por ejemplo, la injusticia, la incompetencia (sobre todo en ellas mismas), y el mal uso del dinero y el tiempo. Este tipo de ira estaba presente en el Señor cuando barrió a los cambistas del templo y cada vez que hablaba con tanta dureza de las normas de los fariseos, que tenían tan poco respeto por las personas. El apóstol Pablo dijo: "Airaos, pero no pequéis" (Efesios 4:26).

La paciencia: Estas personas saben ser pacientes. Escuchan a los demás cuidadosamente, y sólo toman una decisión después de tener todos los datos en su poder.

La integridad: La vida realmente superior tiene por fundamento la honradez total. Las personas verdaderamente dignas merecen toda confianza. Su palabra tiene valor. Se puede tener la seguridad plena de que cumplirán lo que prometen. Tienen un sentido profundo de responsabilidad personal. No se engañan a sí mismos; tampoco engañan a sus familiares ni hacen trampas en su trabajo.

Por último, quiero indicar que el éxito en la vida no depende de la raza, la edad ni el sexo.

Babe Ruth había bateado setecientos catorce jonrones durante su carrera en el béisbol y se hallaba en uno de sus últimos juegos con las ligas mayores. Los Bravos jugaban contra los Rojos en Cincinnati. Sin embargo, el famoso Ruth ya no tenía la agilidad de otros tiempos. Estaba lanzando tan torpemente la pelota, que en una sola entrada sus errores causaron la mayoría de las cinco carreras que se apuntó el Cincinnati.

Cuando Babe abandonaba el campo después del tercer *out* y se dirigía hacia el cobertizo de espera, un *crescendo* de gritos y abucheos llegó hasta sus oídos. En ese momento un niño saltó la barrera y cayó en el campo de juego. Con la cara bañada en lágrimas, se abrazó a las piernas de su héroe.

Ruth no titubeó ni un solo instante. Alzó al niño, lo abrazó, volvió a ponerlo de pie y le acarició delicadamente la cabeza. El escándalo de las gradas cesó de repente. Cesaron los abucheos de pronto, y un gran silencio invadió todo el estadio. En esos breves instante, los aficionados se dieron cuenta de que tenían delante a dos héroes: Ruth, quien a pesar de aquel humillante día en el campo podía aún interesarse en un pequeñuelo, y un niño que era capaz de preocuparse por los sentimientos de otro ser humano. Ambos habían ablandado juntos el corazón de la multitud.

¡Así son las personas que se hallan por encima del común de los mortales!

La mayoría de las personas mueren antes de haber acabado de nacer. Ser creativo equivale a terminar de nacer antes de morir.

Eric Fromm

6

La creatividad

Si algún día usted y yo tenemos la oportunidad de pasearnos por las salas del Instituto Smithsoniano de la ciudad de Washington, seguramente exclamaremos admirados: "No me cabe la menor duda. Estoy viendo la obra de los genios inventivos más grandes de nuestros tiempos."

Nos vamos a Europa, recorremos colección tras colección de pinturas y esculturas en el museo del Louvre de París, y nos damos cuenta de que tenemos delante la obra de los verdaderos gigantes creativos de la humanidad: Rembrandt, Van Gogh, Miguel Angel, Rodin y otros muchos.

Ya se trate de la visita a un venerable museo que encierra los tesoros artísticos más maravillosos del mundo, o de una tarde contemplando la labor de los artistas callejeros en cualquier ciudad, grande o pequeña, nos hallamos siempre en presencia del talento artístico del que gozan esos hombres y mujeres a quienes calificamos de "creativos". Su obra aparece por todas partes: sobre el lienzo o la página impresa; en la sala de conciertos o reflejada en la pantalla.

No obstante, quisiera sugerirle que le diéramos al término "creativo" un significado más amplio, para que no se limite solamente a los genios artísticos afamados de nuestros días, sino que nos abarque también a usted y a mí. Lo que deseo es extender la idea de la *creatividad* a un concepto más amplio, el de la *actitud creativa,* la del que declara: "Estoy dispuesto a 'acabar de nacer', a abandonar las seguridades de la vida y a apartarme de mis muchas ilusiones. Voy a llevar una vida de fe y valor, aunque esto signifique quedarme solo y ser 'diferente' al resto de los humanos."

La Biblia está llena de relatos de este tipo de valor, para que estos nos sirvan de estímulo. Por ejemplo, piense en Abraham. Su valor se ponía de manifiesto cada vez que hacía lo que Dios le había ordenado, aunque las consecuencias fueran oscuras e inciertas para él. Dios le dijo que dejara su hogar en Harán y que se dirigiera a Canaán, sin saber con exactitud hacia dónde iba. ¡Esto le sucedió a los setenta y cinco años de edad! Todo cuanto tenía era la promesa de Dios de dirigirlo y de hacer de él una gran nación. No sólo se encontraba Abraham en una edad que le hacía muy difícil desprenderse de sus familiares y amigos, sino que en aquel entonces tampoco tenía hijos de los cuales pudiera surgir una nación. Además, cabe observar que Abraham era un hombre muy rico, y que por tanto no lo impulsaban móviles económicos a buscar horizontes más amplios para sobrevivir y llevar una vida más holgada. Sólo era cuestión de creer en Dios y tener el valor de convertir aquella fe en las acciones necesarias para ver cumplida la promesa divina.

El valor de Daniel durante su juventud tuvo que ver con la esencia misma de lo que significa adorar al Señor Dios y a nadie más. Daniel se mantuvo valerosamente en sus convicciones, y decidió permanecer fiel a su Señor, a continuar viviendo y deshonrar su consagración al Dios todopoderoso. La disyuntiva que se le presentaba a Daniel era seguir orando a Jehová en público como de costumbre durante treinta días, o dejar de hacerlo. De esta manera, no habría nadie que orara a otro que no fuera el rey Darío. Al fin y al cabo, podrían decir muchos, nada le impedía orar en el secreto de su corazón y no manifestar señal externa alguna de que estaba orando a Jehová. De esta manera estaría fingiendo que obedecía el decreto del rey. Pero Daniel no era de esa opinión. Conocía el propósito del decreto, y no podía aceptarlo. A pesar de que podía costarle la vida, no estaba dispuesto a dividir su adoración entre Dios y el rey. La recompensa a su valor fue la conservación de su vida en el pozo de los leones, pero él estaba bien preparado a dar la vida por sus convicciones.

Acordémonos ahora de Moisés. Hay un breve relato en el Exodo, en el cual se pone de manifiesto el valor físico de Moisés. (Entre ambas formas de valor, la física y la moral, la mayoría de las personas afirman que el valor moral es el más difícil. Sin embargo, en nuestros días tenemos gran necesidad de que se nos presenten ejemplos de valor físico, puesto que la vida se ha vuelto mucho más fácil, y esto es una pésima preparación para manifestar este tipo de valor.)

Cierto día en que Moisés se encontraba sentado cerca de un pozo, siete jovencitas les daban de beber a las ovejas de su padre. Varios pastores se acercaron al pozo y las echaron de él. Al parecer, no estaban dispuestos a esperar su turno y sabían que aquellas mujeres no serían capaces de enfrentárseles. "Moisés se levantó y las defendió, y dio de beber a sus ovejas" (Exodo 2:17). A pesar de que los pastores lo sobrepasaban en número, Moisés les hizo frente, y protegió a aquellas indefensas mujeres.

Un hombre llamado Saulo había respirado amenazas de muerte contra los primeros discípulos de Jesús. Sacaba a rastras a hombres y mujeres de sus hogares y los enviaba a prisión por el delito de haber creído en El.

Ese mismo Saulo tuvo una inesperada conversión al cristianismo y se lanzó a proclamar la nueva vida que hay en Cristo. Quiso confraternizar con los cristianos de Jerusalén, pero éstos le temían y desconfiaban de él. Se les hacía imposible creer que su antiguo enemigo fuera ahora cristiano. Sin embargo, hubo un hombre que estuvo dispuesto a arriesgarlo todo para proclamar que la conversión de Saulo era genuina. Ese hombre fue Bernabé. "Entonces Bernabé, tomándole, lo trajo a los apóstoles. . ." (Hechos 9:27). Se necesita valor para mezclarse en un asunto tan controversial a fin de defender a una persona a quien se oponen todos o la gran mayoría de los amigos y colegas de uno. Eso fue lo que hizo Bernabé, y se convirtió en el instrumento usado por Dios para iniciar la carrera de Saulo — Pablo — como misionero y dirigente de la Iglesia a lo largo de Asia Menor y Europa. Ese acto único de valor fue de gran importancia en cuanto al apoyo de los creyentes de Jerusalén, que tanto necesitaba Pablo al iniciar su ministerio de apóstol de Jesucristo.

Es obvio que todas estas personas eran creativamente valerosas. Ser creativo significa mucho más que pintar un cuadro, escribir una obra, o inventar una máquina. La creatividad es innata en todos los humanos; forma parte de nuestro diseño original. Todo el que decida no utilizar al máximo esos poderes creativos que poseemos, está llevando una vida inferior a la que Dios tenía pensada para él.

John Gardner, en su importante obra *Self Renewal* (Autorrenovación), dice:

> El análisis de toda la gama de sus potencialidades no es algo que el hombre que trata de cambiar deja a la casualidad. Es algo que persigue de manera sistemática, o por lo menos con avidez, hasta el fin de sus días. Le entusiasma el establecimiento de un diálogo perenne e impredecible entre sus potencialidades y las exigencias de la vida; no sólo las exigencias que van apareciendo, sino las que él mismo inventa. Al referirme a las potencialidades, no me refiero solamente a sus habilidades, sino a toda la gama de capacidades relacionadas con los procesos de sentir, indagar, aprender, comprender, amar y aspirar.

Gardner tiene razón. Sin embargo, quizá haya caído en la trampa de creer que la creatividad no es para usted. No es así. Tiene por delante una vida llena de verdadera riqueza, tanto si logra finalmente que exhiban una de sus pinturas en el Instituto Smithsoniano, como si se convierte en la mejor madre o el mejor padre que usted pueda llegar a ser.

En *The Self in Pilgrimage* (El peregrinaje del yo), Earl A. Loomis, hijo, hace una pregunta importante: "¿Por qué tenemos miedo de aceptar nuestras virtudes? ¿Por qué las escondemos detrás de apreciaciones inexactas y temores infundados?" Esta es la respuesta que sugiere: "Básicamente, el motivo por el que nos resistimos a reconocer nuestras cualidades, es porque una vez reconocidas, vamos a tener que *usarlas*."

¿Qué puede atormentarnos más que reconocer que podemos hacer algo y luego negarnos a hacerlo? Es como si tuviéramos una droga milagrosa capaz de salvarles la vida a millares de personas, y la guardáramos en una caja fuerte.

¿Qué puede haber más trágico desde el punto de vista personal que el amor que no se usa, la generosidad que se guarda para sí o la amistad que no se comparte? La literatura de todo el mundo está llena de historias de hombres y mujeres que conocieron sus potencialidades y reconocieron sus talentos, pero se negaron a hacer uso de esos dones. Por consiguiente, ellos son en realidad los personajes verdaderamente trágicos de la historia. Sería preferible desconocer que se tiene un don, que reconocerlo y no hacer uso de él.

Hace unos días, mientras limpiaba una pequeña gaveta de mi escritorio, encontré una linterna que no había usado hacía más de un año. Quise encenderla, pero no me sorprendió que no iluminara. La destornillé y la sacudí para sacar las baterías, pero éstas no

se movieron. Por fin, después de algún esfuerzo, se desprendieron. ¡Qué desastre! El
ácido de las baterías había corroído por
completo el interior de la linterna. Eran
nuevas cuando las coloqué en la linterna un
año antes, y por supuesto, la había guardado
en un lugar seguro, cómodo y bien resguar-
dado. Sin embargo, había un problema. Las
baterías no habían sido hechas para estar
resguardadas en un lugar abrigado y seguro,
sino para encenderlas; para usarlas. Esa era
la única razón de su existencia.

Lo mismo sucede con nosotros. Usted y yo
fuimos hechos para "funcionar": para hacer
uso de nuestro amor; para emplear nuestra
paciencia en las situaciones difíciles y exas-
perantes. Tenemos el deber de tomar las
energías que Dios nos ha dado y hacerlas
realizar una labor productiva para nosotros
mismos y para los demás. *Eso* es lo que
significa ser creativo. Eso es lo que significa
acabar de nacer.

Ahora mismo, ¿hay en su vida alguna
aptitud, habilidad o talento que se esté des-
perdiciando? ¿Está usted permitiendo que se
desintegre y se atrofie?

Es fácil dejarse llevar por la corriente. Sin
embargo, con excepción de la crema, no sé
de nada valioso que flote. Para destacarse en
la vida hacen falta esfuerzo, perseverancia y
disciplina, pero bien vale la pena todo el
esfuerzo. Si usted prefiere hacer a un lado
sus talentos, esté dispuesto a aceptar el cruel

veredicto de una antigua ley: "Lo que no se usa, se atrofia."

Además de esto, si fracasa en una empresa, no se vuelva ermitaño. La vida no ha terminado. Lo que sucede no es lo decisivo. Lo importante es *lo que usted hace respecto de lo que ha sucedido.*

El apóstol Pablo pasó meses en prisión en Filipos, Roma y otros lugares. Las epístolas escritas mientras se encontraba encarcelado han inspirado a millones de personas durante más de dos milenios. En la noche más obscura, en las circunstancias más apremiantes, su visión optimista y alentadora le dio nuevos ánimos a la Iglesia primitiva, y esas mismas epístolas le continúan dando alientos a la Iglesia de hoy.

La Madre Teresa, que se ha convertido en una de las figuras humanitarias más conocidas de nuestros tiempos, nació en Yugoslavia de padres albaneses que habían venido a menos en su situación económica. Albania, donde por décadas no ha habido lugar alguno de culto público, es la nación más comunista de la Europa oriental. Yugoslavia forma también parte de la sociedad comunista atea. De una procedencia tan poco esperada como esta, surgió esta hermosa persona que ministra con bondad, amabilidad y misericordia entre los desamparados y moribundos de Calcuta, la ciudad más sucia e inmunda del Asia. La Madre Teresa es amada por todos, tanto los poderosos como los humildes. Visite su Hogar de la Misericordia, contiguo al paupérrimo templo de Kali, en el corazón de los suburbios de esta ciudad-suburbio, tal como yo lo he hecho, y se encontrará con un pedazo de cielo en la tierra. Allí, gracias al cuidado y la preocupación de la Madre Teresa, los mendigos, los indigentes y los sin hogar mueren dignamente, mientras se les susurra al oído que Dios los ama.

Mi amigo Tom Skinner, cuando era líder de una pandilla negra de Harlem, inflexible y siempre dispuesto a entrar en la pelea navaja en mano, encontró al Salvador mediante el testimonio amoroso de un amigo. En la actualidad, Tom les ministra el Evangelio a millares de estudiantes universitarios, lleva a cabo campañas monumentales y eficaces para toda la comunidad y se halla al frente de uno de los esfuerzos evangelísticos más eficaces de los Estados Unidos en la actualidad.

El apóstol Pablo, la Madre Teresa, Tom Skinner, y millares más con las procedencias más humildes o en medio de las circunstancias más desusadas, han logrado cambiar las cosas en su mundo. Son los que buscan lo mejor en la vida, en nombre de Cristo. Igual podemos hacerlo usted y yo.

Procedencia, grado de instrucción, circunstancias. . . Ninguna de esas cosas puede detener a un espíritu creativo.

Piense, por ejemplo, en Abraham Lincoln, elegido presidente de los Estados Unidos en

1860. Había crecido en una aislada granja y sólo había tenido un año de escuela formal. Durante aquellos primeros años, apenas tuvo acceso a media docena de libros. En 1832 perdió su trabajo y fue derrotado cuando se postuló para la legislatura de Illinois. En 1833 fracasó en los negocios. En 1834 fue elegido para la legislatura del Estado, pero en 1835 su novia murió, y en 1836 tuvo un colapso nervioso. En 1838 fue derrotado al postularse para presidente de la Cámara de Representantes de los Estados Unidos, y en 1843 fue derrotado en la nominación para el Congreso. En 1846 fue elegido congresista, pero en 1848 perdió su escaño. En 1849 fue rechazado su nombramiento como funcionario encargado de tierras federales, y en 1854 fue derrotado al postularse para el Senado. En 1856 fue derrotado al presentar su candidatura para vicepresidente, y en 1858 fue derrotado de nuevo al postularse para el Senado.

Muchas personas de muchos países consideran a Lincoln el presidente más grande de todos los tiempos. No obstante, cabe recordar cuántos fracasos y cuántas derrotas tuvo en su vida, y cuán humildes y poco prometedores fueron sus comienzos.

Martín Lutero nació en la clase campesina; su padre trabajaba en las minas. En aquellos tiempos se consideraba que los campesinos eran el elemento más conservador de toda la población en cuanto a criterios religiosos.

Roland Bainton afirma que "no había nada que distinguiera a Lutero de sus contemporáneos, y mucho menos que pudiera explicar por qué más tarde se rebeló contra tantos aspectos de la religión medieval". Lutero era un hombre corriente. Abrazó la vida monástica para hacer las paces con Dios, con una entrega más que ordinaria al seguimiento de la vía señalada por la Iglesia. Sin embargo, inició una protesta reformadora que sacudió hasta los cimientos a la civilización occidental. Hay quienes hablan de sus tiempos como el inicio de la era moderna. Aun dentro de la Iglesia católica de hoy, hay dirigentes que le están agradecidos a Lutero por las reformas que él provocó que se hicieran dentro de dicha Iglesia.

Shirley Chisholm, la poderosa congresista de color del sector Bedford-Stuyvesant, en Brooklyn, procede de una familia muy pobre. Sus padres trabajaban cuando podían, la madre de costurera, y el padre como peón de una fábrica de sacos de arpillera.

Shirley era una niña inteligente y aprovechó bien la escuela. Cuando se graduó en el Brooklyn College, trató de ser maestra. Sin embargo, cada día la irritaban más las injusticias que observaba a su alrededor, y decidió que tendría que luchar contra el sistema "aunque se quedara sola". Con el tiempo, entró en la política y fue la primera mujer de color en ocupar un puesto dentro del Congreso norteamericano.

Sabía que el Congreso necesitaba reformas con urgencia, y que sus prioridades tenían que cambiar. Estaba convencida de que un buen número de los líderes del Congreso estaban alejados de la realidad del país, y fuera de tono con ella. Su primera misión, siendo congresista por un distrito electoral urbano, fue como miembro de la Comisión Agrícola. Retó a los líderes de la Cámara de Representantes ante la junta de los dirigentes demócratas y ganó. Cambiaron de parecer y le pidieron que prestara sus servicios en la Comisión de Veteranos, la que por lo menos tenía que ver con muchos de sus distritos.

Shirley le atribuye a su abuela buena parte de su manera de pensar actual:

> Siempre decía: — Tienes que tener valor y convicción, y recordar que en este mundo, cuando tomes una posición respecto de algo, muchas veces te vas a quedar sola. . . — Mi abuela grabó en mi mente la necesidad de luchar por aquello en que creo, aunque a veces no tenga quien me apoye.

Reconoce también que la Iglesia contribuyó en gran parte a que desarrollara su vigor y su fortaleza actuales.

> Cuando me siento desilusionada, sólo tengo que ponerme de rodillas para orar, y en cuestión de diez minutos me

parece que la vida comienza de nuevo. Dios me imparte una gran fortaleza interior. No me parece que necesite a nadie junto a mí en todo cuanto hago. Lo único que deseo y necesito es mirar dentro de mi conciencia y buscar a Dios.

La mayor parte de las veces que se ha visto sola ha sido en su lucha contra la injusticia cometida con la gente de raza negra de su distrito. Su consejo a los negros y a los pobres de su distrito es que se preocupen en primer lugar por la educación, y que "se den cuenta de que en el mundo no hay lugar para los débiles, y que sólo los débiles claudican ante los obstáculos."

¿Tiene usted la impresión de que bastaría que sus circunstancias cambiaran para que usted pudiera dedicarse a desarrollar su creatividad? ¡Tonterías! El ambiente "perfecto" está aún por inventarse, y quizá nunca lo lleguen a inventar.

Una vez más: eche una mirada a su alrededor y observe a las personas que usted admira por su calidad de vida. ¿Qué ve? Es casi seguro que verá en esos seres humanos destacados muchos de los siguientes rasgos:

1. Empuje: un alto grado de motivación en la vida
2. Valentía: tenacidad y persistencia
3. Metas: la sensación de que saben a dónde van
4. Conocimientos: y sed de ellos

5. Buena salud
6. Honradez: sobre todo, intelectual
7. Optimismo
8. Buen juicio
9. Entusiasmo
10. Espíritu de aventura: están dispuestos a correr el riesgo de fracasar
11. Dinamismo: salud y energía
12. Carácter emprendedor: están dispuestos a emprender tareas difíciles.
13. Persuasión: tienen talento para vender
14. Sociabilidad: son amistosos
15. Comunicación: se expresan con claridad
16. Receptividad: están siempre atentos a lo que los rodea
17. Pacientes e impacientes a la vez: pacientes con los demás, pero impacientes con el *statu quo*
18. Adaptabilidad: son capaces de cambiar cuando haga falta.
19. Perfeccionismo: tratan de hacerlo todo de la mejor forma que les sea posible
20. Sentido del humor: pueden reírse de sí mismos y llevar alegría a los demás.
21. Versatilidad: tienen una amplia gama de intereses y habilidades
22. Curiosidad: les interesan las personas y las cosas
23. Un sano amor propio: Autoestima y seguridad personal
24. Realismo-idealismo: trabajan con la realidad, pero guiados por sus ideales
25. Imaginación: siempre están en busca de

ideas, combinaciones y relaciones **huma-nas** nuevas.

Nadie adquiere con facilidad estas **cualida-des**, ni aun los genios de nuestro **mundo**.

J. C. Penney, fundador de la gran **cadena** de tiendas por departamentos, hizo una **vez** esta observación: — Los genios no hablan **del** don de la genialidad. De lo que hablan es **del** trabajo firme y prolongado.

Edison creía que en cada genio había el uno por ciento de inspiración y el noventa y nueve por ciento de dedicación.

Paderewski, cuando lo calificaban de ge-nial, decía: — Es posible, pero para llegar a genio tuve primero que trabajar muy duro.

De manera que, si no tiene éxito, siga intentándolo cuantas veces haga falta. Re-cuerde que Thomas Edison tuvo que hacer setecientas pruebas antes de "ver la luz".

¡Comience hoy mismo! Desarrolle en su persona una actitud de creatividad. Decídase a llegar a *su* propia meta. Todo esto es parte fundamental de la lucha por una vida real-mente destacada.

Podemos superar las adversidades

Algunos de los hombres y mujeres más valiosos de la humanidad han tenido que sufrir impedimentos y adversidades, pero se las han arreglado para superarlos.

Piense en un genio lisiado y tendrá a Sir Walter Scott.

Enciérrelo por razón de su fe en la celda de

una prisión, y tendrá a John Bunyan.

Atrápelo entre las nieves de Valley Forge, y tendrá a George Washington.

Críelo en la más absoluta miseria, y tendrá a Abraham Lincoln.

Hágalo sufrir las consecuencias de amargos prejuicios religiosos, y tendrá a Disraeli.

Abátalo con la parálisis infantil, y se convertirá en Franklin D. Roosevelt.

Quémelo tan gravemente en un incendio de escuela, que los médicos aseguren que no volverá a caminar, y tendrá a Glenn Cunningham, quien en 1934 estableció un récord mundial por correr una milla (1.600 metros) en 4 minutos y 6,7 segundos.

Piense en un genio de la música que se queda sordo, y tendrá a Ludwig van Beethoven.

Hágalo nacer de una familia negra en una sociedad invadida por la discriminación racial, y tendrá a Booker T. Washington, Harriet Tubman o George Washington Carver.

Ahora, hágalo el primer hijo sobreviviente de una humilde familia italiana con dieciocho hijos, y tendrá a Enrico Caruso.

Véalo nacer de sobrevivientes de un campo de concentración; paralícelo de la cintura para abajo desde los cuatro años, y tendrá a Itzhak Perlman, el incomparable concertista de violín.

Llámenlo lento para los estudios, "retardado" y deséchelo por incapaz de aprender... y tendrá a Albert Einstein.

> Ningún camino es demasiado largo
> para el hombre que marcha con reso-
> lución y sin apuro; y ningún honor
> está fuera del alcance del hombre
> que se prepara pacientemente para
> recibirlo.
>
> Jean de la Bruyère

7

¡Créalo! El proceso ya está en marcha

Hace algunos años me entretenía en mirar los estantes de una de las principales librerías cristianas de Los Angeles, cuando se me acercó un joven y me preguntó en qué podía servirme. De momento casi no oí su pregunta, ya que tenía los ojos fijos en el imponente botón rojo que llevaba en el cuello de la camisa. No tenía escrito un lema publicitario, ni tampoco un mensaje político, sino una serie de letras: PBPGINFWMY. (N. del E. en castellano: en nuestro idioma equivaldría a PFTPDNHTCA.)

Puesto que jamás he pecado de exceso de timidez, le pregunté el significado de aquellas letras. Con una sonrisa que mostraba su complacencia porque le había hecho la pregunta, me dijo que significaban: "Por favor, tenga paciencia: Dios no ha terminado conmigo aún" *(Please be patient. God is not finished with me yet.)*

¡Qué maravilloso recordatorio para todos nosotros! Debemos ser pacientes con nosotros mismos y con los demás mientras pasamos por este proceso largo y a menudo enojoso que se llama "vida".

Hay quienes se superan con rapidez, pero son muchos los que invariablemente tienen que pasar por un largo proceso en todas las cosas de la vida. Sin embargo, *nunca ha habido* quien lo haya tenido todo asegurado desde el principio. Aún no hay quien conozca las respuestas a todos los interrogantes de la vida.

En sus *Cartas a su hijo (Letters to His Son),* Lord Chesterfield dice: "Difícilmente habrá quien haga todas las cosas bien; también son muy contados los que francamente no sirven para nada."

Por tanto, si usted cree que progresa con lentitud mientras que otros a su alrededor alcanzan éxitos resonantes, recuerde: "¡Paciencia! Dios no ha terminado con usted aún."

El apóstol Pablo reconoció lo importante que es considerar el desarrollo de la vida cristiana como un proceso cotidiano, al escribir: "Hermanos, yo mismo no pretendo haberlo ya alcanzado; pero una cosa hago:

olvidando ciertamente lo que queda atrás, y extendiéndome a lo que está delante, prosigo a la meta, al premio del supremo llamamiento de Dios en Cristo Jesús" (Filipenses 3:13, 14).

Pablo era un hombre de una inteligencia extraordinaria, que se había formado a los pies del gran Gamaliel en las antiguas tradiciones de Israel. Mediante sus estudios y su experiencia, aprendió a desenvolverse con soltura, tanto en el mundo griego como en el judío. Fue orador de gran mérito y hombre capaz de redactar algunas de las cartas más estremecedoras jamás escritas en la historia de la humanidad, algunas de ellas en los lugares más sorprendentes. Este hombre tan destacado desde el punto de vista académico y el espiritual, muy bien se podía haber dormido sobre sus laureles. Podía haber vivido como si ya hubiera alcanzado el éxito. Sin embargo, no lo hizo. Echando a un lado el pasado, vivía en el presente y se esforzaba sin descanso hacia su meta: conformarse a la imagen de su Señor.

Eso es lo que significa tener fe en el proceso. Este elemento es un ingrediente de importancia en la búsqueda de una vida fuera de lo común.

Las condiciones actuales de vida han llevado a muchas personas a un terrible síndrome: el de "lo quiero ahora mismo". Esto es cierto en todas las sociedades y a todos los niveles. De alguna manera, la insistencia en la necesidad de cosas materiales que nos presiona constantemente nos ha obligado a pensar que la felicidad y el éxito consisten en poder tener todo cuanto queramos, y en el mismo momento en que lo queramos.

En nuestra inmediatez, observamos dietas rigurosas para bajar un kilogramo de peso diario, en lugar de aprender a comer de una manera juiciosa. Nos llenamos de libros del estilo "Cómo hacerlo", que pueden ser útiles a veces, pero en la mayoría de los casos nos dan falsas esperanzas respecto a formas de hacernos ricos en poco tiempo, obtener el éxito al instante y ser aceptados por los demás de inmediato. A menudo sembramos precipitadamente semilla de mala calidad, y después oramos para que no se dé la cosecha, en lugar de sembrar calidad en nuestra vida y trabajar para que la cosecha sea madura y abundante.

Eso demuestra de manera inequívoca que no comprendemos cómo funcionan las cosas. El éxito que perdura y la calidad verdaderamente superior de vida rara vez se alcanzan de un día para otro, además de que siempre tienen su precio.

Cierta noche, después de uno de los conciertos más maravillosos de toda la brillante carrera de Paderewski, una admiradora demasiado entusiasta le dijo al saludarlo: — ¡Daría toda mi vida por poder tocar como usted. — Paderewski le respondió sosegadamente —: Eso fue lo que hice yo.

Si usted quiere llegar a ser un pastor verdaderamente eficiente, es necesario que se esfuerce por ser eficiente. Fíjese la categoría que quiere alcanzar en el ejercicio de su ministerio. Si está dedicado a los negocios, haga lo mismo. Créese la reputación de ser una persona destacada, pero reconozca que le llevará tiempo y que no será tarea fácil. Para que un roble alcance su máximo desarrollo, tienen que pasar decenas de años. La naturaleza sabe que toma tiempo producir algo que perdure.

Recuerdo que un día, hace unos doce años, un joven seminarista que no parecía tener nada de especial vino a mi despacho para compartir conmigo su sueño de llevar a Cristo a los estudiantes japoneses utilizando el atractivo de la enseñanza del idioma inglés en centros cercanos a las ciudades japonesas más importantes. Su nombre era Ken Wendling. Nunca había estado en Asia, pero sentía el llamado. Recuerdo que pensé en aquella ocasión: "Jovencito, tu idea vale la pena, pero... ¿qué te hace pensar que la puedes poner en práctica sin apoyo, experiencia ni fondos?"

En la actualidad quizá no haya un ministerio más importante entre los estudiantes japoneses que el Instituto de Lenguas para la Evangelización (LIFE, *Language Institute for Evangelism*). El sueño de Ken se.ha convertido en realidad gracias a su tenacidad, y a que jamás se ha dado por vencido. En lo que a él respecta, el proceso ha sido largo. En la actualidad, todos los años se forman equipos de jóvenes que prestan sus servicios en el Japón durante cortos períodos; hay centros de idioma inglés en todo el país; se ofrecen conciertos evangelísticos continuamente, y atraen a millares de personas y la Iglesia protestante ha recibido un importante apoyo y ha tenido un notable crecimiento debido al ministerio de LIFE, el sueño de Ken Wendling y la gran obra de su vida.

A principios de este siglo, un jugador de béisbol de las grandes ligas, casi analfabeto y alcohólico, que había descendido al nivel más bajo al que puede llegar una persona, andaba un día deambulando y fue a parar a la antigua *Pacific Garden Mission* de Chicago. Allí encontró a Cristo y lo recibió como su Salvador y Señor. Se llamaba Bill Sunday.

A partir de aquel momento, su vida se transformó de manera maravillosa. En el acto empezó a compartir su nueva fe con sus amigos del béisbol y, con el tiempo, se convirtió en el evangelista más conocido de los Estados Unidos. Sin embargo, todo esto no sucedió de un día para otro. El trascendental ministerio de Sunday se desarrolló de manera paulatina, durante el transcurso de muchos años. De nuevo nos encontramos en presencia de un proceso.

Sunday superó su falta de instrucción, el desprecio de otros predicadores, desconfiados de su desacostumbrada manera de predicar, y los celos de sus compañeros, para convertirse en uno de los personajes legendarios de su época. Adquirió la obsesión de acercar a Cristo a hombres, mujeres y niños mediante gigantescas cruzadas de evangelización por todos los Estados Unidos. Decenas de miles de personas están hoy en el cielo debido a la prédica valerosa y al llamado que sentía este evangelista. Entre esas personas se encuentra mi propio suegro, quien encontró a Cristo en una de las campañas de Billy Sunday. Para este intrépido cruzado del Evangelio, no había nada más importante que predicar a Cristo. Fue un sobresaliente modelo de respuesta al llamado de servir a Dios por medio de la evangelización de las multitudes.

Se ha dicho, y con mucho acierto, que "aquellos que alcanzan cualquier grado de notoriedad, por lo general centran su vida en el esfuerzo por alcanzar una sola meta, puesto que no es frecuente llegar a sobresalir por un camino más fácil que este". Escoja su meta más importante y aférrese a ella.

Es posible que usted tenga la "bienaventurada desdicha" de tener muchas cualidades. Es decir, que sea el hombre o la mujer de los mil oficios, sin llegar a ser excelente en ninguno. ¿Quiere cazar algo realmente valioso? Quizá haya llegado el momento de dejar a un lado su escopeta de perdigones para empuñar un rifle de mira telescópica. En lugar de disparar atolondradamente hacia el cielo, en la esperanza de dar en algún blanco sea cual sea, escoja su blanco, apunte cuidadosamente y encauce sus energías hacia *aquella meta* que ha puesto en primer lugar.

Es muy cómodo ser como el tejano que se acercó a la vendedora de boletos en el aeropuerto de Dallas-Fort Worth, Texas, y le dijo: — Señorita, quiero un boleto de primera clase.

La señorita le respondió: — ¿A dónde quiere volar, señor?

El tejano le replicó: — Me da igual, señorita. Tengo negocios en todas partes.

Nada hay de malo en tener negocios en todas partes. Sin embargo, le será muy provechoso ocuparse de sus tareas una por una y reconocer que cada una de sus metas exigirá de usted esfuerzo, decisión y tiempo.

World Vision, la organización que represento, empezó como el sueño de un joven evangelista misionero y cristiano humanitario. Sin embargo, cuando Bob Pierce se comprometió a pagar por el cuidado de aquel niño chino necesitado que se llamaba White Jade (Jade Blanco), estaba lejos de pensar que algún día la organización que él fundó cuidaría de trescientos mil niños necesitados. Aquel ministerio fue creciendo poco a poco: primero diez niños, después cien, mil, diez mil, cien mil. Alimento para una aldea hambrienta, luego para dos y por fin un buen número de ellas. Se patrocinó una primera Conferencia de Pastores en el extranjero, poco después fueron cinco conferencias, y en la actualidad son más de ciento cuarenta. Un solo hombre con una secretaria, sin financiamiento, pero con un deseo ardiente de ayudar a los necesitados. Treinta años después, *World Vision* se ha convertido en el mayor de los ministerios evangélicos de ayuda y evangelización en el mundo. Todo esto es consecuencia del sueño de un hombre, de la cuidadosa atención a los detalles, de la diligencia y decisión de un equipo de personas comprometidas, de sacrificios de tiempo y energía... y de la bendición de Dios.

La lucha por alcanzar lo mejor es un proceso que debe llenar todos nuestros días, tenga que ver con una tarea determinada o no. Puesto que hay necesidad de trabajar en la vida, hay necesidad de trabajar con el espíritu de hacer las cosas a la perfección. Hay una sola forma de que ese espíritu se convierta en parte de su ser: que se fije una sola meta fundamental y esté decidido a alcanzar sus propósitos, cueste lo que cueste.

Recuerde: "Siempre es demasiado pronto para darse por vencido." Es cierto que haremos errores en cuanto a juicios personales y cometeremos equivocaciones en nuestra forma de administrar las cosas. Sin embargo, no nos estamos haciendo favor alguno si nos juzgamos solamente por la actuación de las últimas horas. En lugar de hacer esto, necesitamos preguntarnos: "¿Cuáles han sido mis logros del pasado? ¿Cuánto he progresado en los últimos seis meses; en el último año? ¿Me hallo más cerca de mi meta que antes? ¿Me conozco mejor a mí mismo ahora gracias a mi esfuerzo?"

Tener valor es ser capaz de mantenerse firme cinco minutos más.

En estos capítulos hemos hablado extensamente de las actitudes, de la fijación de metas, la motivación y la fe en el largo proceso que exige la búsqueda de lo mejor. Sin embargo, hay otra cualidad más, que es tan importante como todas estas: el arte de descansar y disfrutar de la vida.

Hace algún tiempo tuve la oportunidad de leer una homilía del Hermano Jeremías, anciano monje que meditaba en ella acerca de sus numerosos años de vida religiosa. Había trabajado duro; a veces demasiado duro. Había tomado la vida en serio; a menudo demasiado en serio. Al aproximarse al término de su vida activa al servicio de sus semejantes, se sentó a escribir estas palabras:

Si me fuera dado volver a vivir, la próxima vez trataría de cometer más errores. Descansaría. Llevaría una vida más suave. Haría más tonterías de las que he hecho esta vez. Son muy pocas las cosas que tomaría en serio. Viajaría más. Escalaría más montañas, nadaría en más ríos y observaría más puestas de sol. Caminaría y observaría más. Comería más helados y menos legumbres. Tendría más preocupaciones reales y menos imaginarias.

Soy una de esas personas que llevan una vida profiláctica, sensata y juiciosa hora tras hora, día tras día. ¡Ah, claro! He tenido mis momentos, y si me dieran la oportunidad de vivir de nuevo, serían muchos más. En realidad, trataría de tener únicamente momentos como esos. Sólo momentos, uno tras otro, en vez de vivir a tantos años de distancia en el futuro cada día. He sido una de esas personas que jamás van a ninguna parte sin un termómetro, una bolsa de agua caliente, un frasco de líquido para hacer gárgaras, un impermeable, aspirinas y un paracaídas. Si me fuera dado hacer las cosas de nuevo, visitaría muchos lugares, haría muchas cosas distintas y viajaría con mucho menos equipaje del que he llevado.

Si tuviera que volver a vivir, comenzaría a caminar descalzo apenas comenzara la primavera, y permanecería así hasta bien entrado el otoño. Jugaría más. Disfrutaría más en los aparatos de los parques de diversiones. Saldría más a buscar margaritas.

En otro de mis libros, *The Making of a Christian Leader* (La formación de un líder cristiano), me refiero a la importancia que tiene la existencia de ese equilibrio en nuestra vida.

Cualquiera puede enviciarse con el trabajo, si se compromete en exceso desde el punto de vista económico, si hace planes poco realistas, o sencillamente, si no reconoce un defecto personal. Es posible que a menudo recurra al trabajo como mecanismo de escape. De esta manera tiene que echar de su vida aquellas cosas que debían ser las primeras para él.

Es muy triste que nos compadezcamos del adicto a las drogas y al alcohol y que en cierto sentido estimulemos y admiremos al adicto al trabajo. Le concedemos cierta categoría y aceptamos la forma en que se considera a sí mismo. Mientras tanto, es muy posible que su familia reciba de él tan poco tiempo y energía, que sea casi un desconocido para ella.

El exceso de trabajo no es la enfermedad en sí, sino el síntoma de un problema más profundo de tensión, incapacidad o necesidad de triunfar que puede tener aspectos de neurosis. Lamentablemente para él, el adicto al trabajo no tiene hogar; su casa es sólo una sucursal de su oficina. Se niega a tomar vacaciones, es incapaz de descansar, aborrece los fines de semana, apenas puede esperar a que llegue el lunes, y continúa aumentando su carga de trabajo, al echarse más obligaciones encima continuamente. De ordinario, las personas así se suelen estar defendiendo contra la necesidad de relacionarse con los demás.

La lucha obsesiva y agobiante por alcanzar nuestras metas *no es* el modo correcto de buscar la perfección en la vida.

Cuando el apóstol Juan escribió sus tres epístolas, breves pero hermosas e íntimas, era un anciano que posiblemente tuviera más de noventa años de edad. Al reflexionar acerca de su vida y de las necesidades humanas que lo seguían rodeando, todo lo que decidió decir fue, en esencia: "Hijitos. . . amaos los unos a los otros."

La vida tiene su ritmo, y en el proceso se dan muchas vueltas. Los anhelos de la juventud son pocas veces los deseos de la ancianidad. En el intervalo entre una y otra edad son muchas las cosas que suceden, y todas forman parte de ese proceso.

¿Qué está sucediendo en su propio "intervalo" personal? ¿Qué está usted haciendo para llegar a la seguridad de que en su vida hay todo el esplendor que Dios quiere para ella, y se realizan todas sus promesas? ¿Dedica todas sus energías a la búsqueda de la perfección en todos los aspectos de su vida?

Usted puede hacerlo, y puede empezar hoy mismo.

Este es el momento de desarrollar nuevas costumbres, fijarse nuevas metas y adoptar nuevos puntos de vista. Estos deberán darle a su vida una categoría tal, que honre al Dios que lo amó tanto que dio su vida por usted.

No se limite a pensarlo. ¡Ponga manos a la obra!

James Russell Lowell lo expresó de manera excelente:

La vida no es más que una hoja de papel en blanco en la que cada uno de nosotros apenas puede escribir una palabra o dos. Después de esto, viene la noche. Empieza a escribir con majestuosidad, aunque no tengas tiempo más que para una línea. Sé así de sublime, *que el crimen no es fracasar, sino contentarse con la mediocridad.*

Nos agradaría recibir noticias suyas.
Por favor, envíe sus comentarios sobre este libro
a la dirección que aparece a continuación.
Muchas gracias.

Editorial Vida
7500 NW 25 Street, Suite 239
Miami, Florida 33122

Vidapub.sales@zondervan.com
http://www.editorialvida.com